AF365218

怎样修改诗词

张应中　著

商务印书馆国际有限公司

图书在版编目（CIP）数据

怎样修改诗词 / 张应中著 . —— 北京 : 商务印书馆
国际有限公司，2020.8

ISBN 978-7-5176-0730-4

Ⅰ . ①怎… Ⅱ . ①张… Ⅲ . ①诗词—创作方法—中国
Ⅳ . ① I207.21

中国版本图书馆 CIP 数据核字 (2020) 第 092570 号

怎样修改诗词

作　　者　张应中

出版发行　商务印书馆国际有限公司

地　　址　北京市朝阳区吉庆里 14 号楼
　　　　　佳汇国际中心 A 座 12 层

邮　　编　100020

电　　话　010-65592876（编校部）
　　　　　010-65598498（市场营销部）

网　　址　www.cpi1993.com

经　　销　全国新华书店

开　　本　880mm×1230mm　1/32

字　　数　105 千字

印　　张　5

版　　次　2020 年 8 月第 1 版第 1 次印刷

书　　号　ISBN 978-7-5176-0730-4

定　　价　35.00 元

目　录

第一章　诗改而后工

第一节　千改始心安

诗是写出来的，也是改出来的，诗改而后工。

一首诗初步写成，但又有未稳之处，这就需要修改。对于诗词写作来说，修改是正常的，甚至是必不可少的。写作的过程自然包含了修改的过程，修改涉及写作的方方面面，诸如题目、主题、内容、结构、格律、字句、修辞等等。尤其是格律方面的修改，包括平仄、押韵、对仗，推敲字句多集中在这方面。旧体诗词追求真善美的统一，格律是其韵律美的突出表现，可以润泽其思想，也是旧体诗词与语体新诗最大的不同之处。因为比新诗多了一重格律的规范和要求，牵一发而动全身，所以旧体诗词的写作与修改自然要考虑更多，推敲也更多。旧体诗词的写作可以概括为六个字：合律、通顺、有味。欲达此境界，离不开修改。

自古以来，诗人、词家、学者都非常重视诗词修改，谈诗词修改的文字也屡见不鲜，录数例如下：

诗在与人商论，深求其疵而去之，等闲一字放过则不可，殆近法家，难以言恕矣，故谓之诗律。东坡云："敢将诗律斗深严。"余亦云："律伤严，近寡恩。"（宋·强幼安述《唐子西文录》）

自昔词人琢磨之苦，至有一字穷岁月，十年成一赋者。白乐天诗词，疑皆冲口而成，及见今人所藏遗稿，涂窜甚多。欧阳文忠公作文既毕，贴之墙壁，坐卧观之，改正尽善，方出以示人。（宋·何薳《春渚纪闻》）

学诗有八字诀，曰：多读多讲多作多改而已。盖作诗先问是非，后分工拙。……若作而不改，尤为不可。作诗安能落笔便好？能改则瑕可为瑜，瓦砾可为珠玉。子美云："新诗改罢自长吟。"子美诗圣，犹以改而后工，下此可知矣。昔人谓："作诗如食胡桃、宣栗，剥三层皮方有佳味。"作而不改，是食有刺栗与青皮胡桃也。又云："一首五言律，如四十位贤人，不可着一屠沽儿。"言一字之疵，足为通篇之累，而可不审乎？苟依此诀，不患诗不进矣。（清·李沂《秋星阁诗话》）

袁枚在《随园诗话》中引有一段话："凡人作诗，

一题到手，必有一种供给应付之语，老生常谈，不召自来。若作家，必如谢绝泛交，尽行麾去，然后心精独运，自出新裁。及其成后，又必浑成精当，无斧凿痕，方称合作。"这有点像你是一个领导新上任，围在你周围的大都是些肯干不能干的人，你也要"尽行麾去"，找能干却不肯干的人使他们肯干，所以诸葛亮要三请。遣词造句与选拔干部一样道理。写诗就要求诗人必须反复斟酌，寻找最妥帖的词语。福楼拜教导莫泊桑："你所表达的，只有一个词是最恰当的，一个动词或者形容词，一定要找到它，别用戏法来蒙混，逃避困难只会更困难。"说得很对。这个词既要准确，又要美妙，最好有一种"熟悉的陌生感"。（当代·杨逸明《晚风随笔》）

诗歌写作必须修改，中外一理。法国诗人兼美学家布瓦洛在《诗的艺术》（任典　译）一书中也劝告诗人：

……总不要失掉耐心，

还要十遍、二十遍修改着你的作品：

要不断地润色它，润色，再润色才对；

有时候可以增添，却常要割爱删弃。

如果一部作品里读起来到处是错，

偶然闪烁些警语那又能算得什么？

必需里面的一切都能够布置得宜；

必需开端和结尾都能和中间相配；

必需用精湛技巧求得段落匀称，

把不同的各部门构成统一和完整。

　　这些话同样适用于我们的诗词写作和修改。从以上引文中可以看出，大凡精通诗词之道的人都很看重诗词修改，精益求精，力求尽善尽美；清代诗人袁枚曾云"一诗千改始心安"（《遣兴》），如有不妥处便如骨鲠在喉，不吐不快。

　　载之于籍的诗人词家修改作品的例子也屡见不鲜。杜甫自云："语不惊人死不休"（《江上值水如海势聊短述》），"新诗改罢自长吟"（《解闷十二首》）。白居易自云："旧句时时改，无妨悦性情。"（《诗解》）周敦颐云："白香山诗似平易，间观所存遗稿，涂改甚多，竟有终篇不留一字者。"（见袁枚《随园诗话》卷六）"六一每一诗成，必录草粘斋壁上，数四旋绕讽咏，多所更定。"（见叶矫然《龙性堂诗话·初集》）"六一"指欧阳修，修号"六一居士"。岳珂《桯史》中的"稼轩论词"条也记载了辛弃疾改词征求意见的故事。袁枚《随园诗话》卷一四记载自己半月成七绝句，蒋士铨称佳，袁枚出示簏中废纸，曰："已七易稿矣。"蒋叹曰："吾今日方知先生吟诗刻苦如是；果然第七回稿胜五六次之稿也。"孙麟趾《词径》云："词成，录出粘于壁。隔一二日读之，不妥处自见，改去，仍录出粘于壁；隔一二日再读之，不妥处又见，又改之。如是数次，浅者深之，直者曲之，松者炼之，实者空之。然后录呈精于此者，求其评定。"

之所以罗列这么多修改诗词的言论和名家修改作品的记录，是想说明诗词修改的经常性和重要性。

有自改与他改。善作诗者必会改诗，但再高明的作者也会有盲点，有疏忽。自己不能觉察，求名家指点，与诗友切磋，于己有百利而无一害，何乐而不为？如果不虚心请教、从善如流，作品示人但博赞美，则止步不前，虚名何益？李沂《秋星阁诗话》劝人虚心求教云：

　　诗能自改，尚矣。但恐不能自知其病，必资师友之助。妆必待明镜者，妍媸不能自见也。特患自满，不屑就正于人；病不求医，必成锢疾矣。……曹子建与杨德祖书云："世人著作，不能无病，仆常好人讥弹其文，有不善，应时改定。"夫以曹子建之才，犹欲就正于人，以自知其所不足。今人专自满假，吾不知今人之才与子建何如也？夫心不虚，由不好学耳，未有好学而心不虚者。先兄平庵，识高学博，时人罕当其意，席间作诗，或为之更一二字，即喜动颜色；江右魏叔子，当今文章巨公，人或指其未安处，援笔立改，皆予所目击者。盖虚受益，满招损，心虚而后学进，学愈进，心愈虚。虚心者为学之门，亦为学之验也。

有改自己之作与改他人之作。改己作必认真，改他作更须谨慎。首先，改他人作品要把握他人作品的构思立意，设身处地替人考虑，避免妄改而贻笑大方；其次，改作要比原作好，不然便不改。周正环先生主编芜湖诗词学会会刊《滴翠诗丛》历十余年，我也参与其事，周先生主张"多选少改"或"只选不改"，我很赞同。一般会员的来稿质量不高，佳作甚少。很多诗词缺少意趣且毛病太多，加上编辑不是专职人员，时间精力有限，改起来费力不讨好，干脆不选。入选者应有可取之处，有的不用修改，有瑕疵者可作调整或润色。即便如此，为之殚精竭虑者往往而有之。

改诗费脑筋，所以袁枚感叹"改诗难于作诗"。其《随园诗话》卷二云：

> 改诗难于作诗，何也？作诗，兴会所至，容易成篇；改诗，则兴会已过，大局已定，有一二字于心不安，千力万气，求易不得，竟有隔一两月，于无意中得之者。刘彦和所谓"富于万篇，窘于一字"，真甘苦之言。荀子曰："人有失针者，寻之不得，忽而得之；非目加明也，眸而得之也。"所谓"眸"者，偶睨及之也。唐人句云："尽日觅不得，有时还自来。"即"眸而得之"之谓也。

所谈乃诗词创作的常见现象，但也不绝对如此。改诗难于作诗，此说源于刘勰，其《文心雕龙·附会》云："改章难于造篇，易字艰于代句。”一般说来，要改的地方恰是自己写作有难度的地方，对付困难自然耗费精力；有时是自己疏忽的地方，再读时发现了，修改起来也可能一挥而就，轻松搞定。

总之，修改于诗词写作非常重要，修改的目的是使诗词准确、生动、美听、有味，一气浑成，毫发无遗憾。好诗是写出来的，更是改出来的。

第二节　修改即批评

诗当有好的感兴、立意，有可写之价值，才有修改之价值，否则可以不写。而修改也暗含了批评。我相信，好诗人也是一个好的批评家，他在斟酌的时候就在行使批评的职责。一首作品好在什么地方，不好在什么地方，他都能做到心中有数，存其优，去其劣，改不稳妥处为稳妥处。但这种能力也不是天生就有的，需从生活中来，从阅读中来，从写作中来，从切磋交流中来，功夫在诗中，也在诗外。多做修改，与人探讨，眼界乃高，袁枚《续诗品·勇改》云：

> 千招不来，仓猝忽至。十年矜宠，一朝捐弃。人贵知足，唯学不然。人功不竭，天巧不传。知一重非，进一重境。亦有生金，一铸而定。

所谈不只是一字一句的推敲修改，也包括改正错误的观点和态度，"知一重非，进一重境"，认识到自身的不足才能提升自己的写作境界。诗中大有学问，应该永不知足。如能将最差的一句改成最好的一句，诗便上了两个档次。台湾诗人洛夫说：

> 仅仅从事一种表现行为尚不足以称为一个艺术品，我们还要要求这种行为被了解为有目的之行为，且要受到作者自己的批评。这种批评工作有人可能要反复行之，及至他的创造品完全成为他心中的"那个样子"为止，质言之，完全达到表现的客观化为止。这种批评行为（即俗称锤炼），任何一位天才作者均须经历到，不同的是有人几乎是创造与批评同时进行，而有人却需花费很长的时间。（《诗人之镜——〈石室之死亡〉自序》）

洛夫是新诗人，但他说的道理——创作者同时要对自己的作品进行批评（锤炼）——同样适用于旧体诗词的写作者。

据清徐时栋《烟屿楼笔记》记载，有位教书先生，课余之时，萌生感慨，写了一首题为《咏薄粥》的诗，诗曰："撮米烧成粥一瓯，北风吹去浪悠悠。手持好似菱花镜，照见楼台在上头。"教书先生很得意，摇头晃脑一吟三叹。此时，一个乞丐正巧路过，听了先生的吟诵，便对他说："诗好倒是好，只是'撮米一瓯'已经不算少了，如果把'撮米'改为'粒米'，岂不更妙？喝粥时未必就遇上刮北风，'北风'不如改成'鼻风'；喝粥的地方也不一定就有楼台，因此最后一句可改为'照见须眉在里头'。"教书先生按他所说改为："粒米烧成粥一瓯，鼻风吹去浪悠悠。手持好似菱花镜，照见须眉在里头。"先生将改后的诗再吟一遍，果然味道不同，比原诗更胜一筹。为什么呢？我们来分析一下：一，改"北风"为"鼻风"，改"楼台"为"须眉"，乃就近取材，更加真实；二，改"撮米"为"粒米"，配以"粥一瓯""浪悠悠"，增强了夸张的效果。因真实，故可信；因夸张突出特点，所以效果更好。教书先生是作者，乞丐便是批评家，后者水平在前者之上。因此，教书先生大吃一惊，对乞丐说："想不到你一个要饭的叫花子，竟有如此才华，为什么不去学馆里教书，却要沿街乞讨？如果你愿意去教书，我一定负责推荐。"乞丐听了，眉头紧皱，连声说："谢谢先生的美意，在下正是不愿意喝此等稀粥才宁愿去过乞讨的生活。"故事配此结尾，更加衬出教书先生的清苦，幽默有趣。

再说一个清代郑板桥儿时改诗的故事。有一天，郑板桥随私塾先生到郊野散步，惊见桥下有一具女尸，情态凄惨。先生感伤不已，吟诗一首："二八女多娇，风吹落小桥。三魂随浪转，七魄泛波涛。"郑板桥听了问道："先生，你怎么知道这个女的十六岁呢？怎么知道她是让风吹落到水里的呢？又是怎么看到她的三魂随浪转、七魄泛波涛的呢？"先生一时语塞，只好问道："那你看怎样写好呢？"郑板桥说："可以改为'谁家女多娇，何故落小桥？青丝随浪转，粉面泛波涛'。"按：原诗前两句想当然，很可能不真实，郑板桥的批评在理，改后更符合生活逻辑。至于后两句，魂魄固然看不见，但想象"三魂随浪转，七魄泛波涛"是可以的，虚实结合也是写诗常用手法，所以郑板桥的批评又拘泥于写实，不过改作比原作好，"青丝随浪转，粉面泛波涛"，含有原作的意思，且更为具体形象，切合人物身份。

以切磋交流的方式进行批评更为方便易行。某君作《忆江南》词云："金陵美，华盖蔽天光。丛桂三秋香雨国，法梧百里翠云廊。炎伏透心凉。"贴于某诗词微信群。我说"三秋与炎伏不和谐"，作者说是"散点透视"。我便做具体解释："词的内容安排出了故障。如果兼写夏、秋，结句最好能关照两者，或引申开去也行。试读白居易的《忆江南》便知。'炎伏透心凉'，只能管上一句。因此小令便断作两截。"作者认为我说的有理，遂将结句改为"炎伏亦清凉"。我说："亦字好，顾及了全篇。"

很多诗话词话和相关著作记载了大量诗词修改的例子，且附点评，多读多思，必有收获。如明谢榛的《四溟诗话》，清袁枚的《随园诗话》，民国陈衍的《石遗室诗话》、袁嘉谷的《卧雪诗话》，今人吴孟复的《勉堂诗话》、张梦机的《近体诗发凡》、王翼奇的《绿痕庐诗话》、张一平的《中国古诗话创作论》，等等。这些诗话、词话含有经验的总结和智慧的批评，其中的真知灼见足以让人豁然开朗；但我们在阅读时也要放出眼光，自己判断，批评还可以再批评。明顾元庆《夷白斋诗话》云：

　　南濠都先生穆，少尝学诗沈石田先生之门。石田问："近有何得意作？"南濠以《节妇诗》首联为对。诗云：“白发贞心在，青灯泪眼枯。”石田曰：“诗则佳矣！有一字未稳。”南濠茫然，避席请教。石田曰：“尔不读《礼经》云：‘寡妇不夜哭。’何不以‘灯’字为‘春’字？”南濠不觉悦服。

台湾张梦机盛赞沈石田的改作，云：“此皆立意妥帖，点铁成金者，不止推敲已也。”（《近体诗发凡》）吾独不以为然。青春有二义，一曰春季，二喻少年。改作“青春泪眼枯”，此中“青春”当作“少年”解，与上句“白发”相龃龉。虽然礼教要求“寡妇不夜哭”，但也难免会哭。“青春泪眼枯”，不还是哭过了吗？原作“青灯泪眼枯”，盖写节妇独对青灯，泪眼已枯，状其孤寂悲凉，自有境界。又，“白发贞心在，青春泪眼枯”是否可以理解为逆挽对？即上句写现在，下句写过去？如同李商隐的“此日六军同驻马，当时七夕笑牵牛”（《马嵬》其二）？细看原诗话，都穆此联为诗的首联，首联这样写便过于突兀，逆挽放在开始不大可能，可见两句都是写现在，故尔“青春”“白发”自相矛盾，改作存在问题。

张梦机《近体诗发凡》第五章《论炼字与造句》记载：

崔护《题城南》诗：“去年今日此门中，人面桃花相映红。人面不知何处去，桃花依旧笑春风。”

崔护以其语意未工，改第三句曰：“人面只今何处去。”至今所传，有此两本，然此诗本意著重在表达今昔不同、物是人非之感触，仅云“人面不知何处去”，于时间之"今"，未能确实表白，故沈存中《梦溪笔谈》谓其"意未全"也。且"不知"二字，殊嫌冷漠，与全篇之情感不协，又太落实，改作"只今"二字，则含情无限矣。

按：只今：如今，现在的意思。愚意以为：首句言"去年今日"，便暗示了"人面不知何处去"是"今年今日"；又，尾句有"桃花依旧"，故上句"人面不知"便含有"今"之意，不必明确表白。又，"人面不知何处去"是陈述句，与全诗的客观描述语调一致，其怅惘失落之情引而不发，深沉内敛。如果改作"人面只今何处去"，则成疑问句，问谁呢？问自己显然没有用，所以被问者没有着落。这两个版本孰先孰后不得而知，是作者自改还是他人所改今已难明，但"人面不知何处去"应该胜于"人面只今何处去"。

"操千曲而后晓声，观千剑而后识器。"（刘勰《文心雕龙·知音》）多读多写多改，谙熟为诗之道，眼界渐高，一诗初成，自知不足；他人作品到手，不说火眼金睛，一般毛病实无所遁形也。

第二章　修改题目

　　诗的功用在言志抒情，本来没有题目，如《诗经》，如《古诗十九首》，乃至李白的《古风》五十九首。汉魏以降，诗的形式更加完备，写诗制题渐成惯例。如人之有眼目，诗题成为诗的重要组成部分。《诗经》里的诗原本无题，后人取各诗首句中的文字为题，便于指称。如或枨触无端，题目难明，隐衷幽绪，欲言又止，可以"无题"为题，如李商隐所作，并非没有题目。词本来只有词调（词牌），如唐五代词，后来在词调之外另加题目，但亦可不加。张中行认为，词加不加题，可以从两个方面考虑："一是本事和意境隐不隐，隐可以加，不隐不必加；二是宜于隐不宜于隐，宜于隐不必加，不宜于隐可以加。"（《诗词读写丛话》）制题亦须审慎，李沂《秋星阁诗话》针对不择题的陋习云：

　　夫欲作好诗，必先择好题；今人作诗，喜用纤小之题，或用俗题，或用自撰不稳之题，观其题劣，则诗不览可知矣。

清沈祥龙《论词随笔》之《作词须择题》一则亦云：

> 作词须择题，题有不宜于词者，如陈腐也，庄重也，事繁而词不能叙也，意奥而词不能达也。几见论学问、述功德而可施诸词乎？几见如少陵之赋北征、昌黎之咏石鼓而可以词行之乎？

诗庄词媚，诗之境阔，词之言长，大体如此。题目好能激起读者阅读的兴趣，题目不好便连诗都不想读了。制题宜有讲究，不可草草为之。名家自知如何制题，或先有诗后有题，或先有题后有诗，制题写诗彼此牵涉，相互照应。我这里谈谈制题的基本要求，不妥之处又如何修改，实际上都是写作过程中的事情。

第一节　简洁明了

诗题当以雅洁为上。诗题或点明写作对象，或标明写作缘起，或揭示主旨，或兼而有之，起统帅全篇的作用，宜简洁明了，忌啰唆拖沓，宜雅致，忌俗滥。唐令狐楚选编《御览诗》录梁锽《美人春怨》一诗，同为唐代的芮挺章选编《国秀集》亦录此诗，题目为《观美人卧》，未知孰是，但后者明显欠雅驯，不及前者。清方贞观《辍锻录》云："立题最是要紧事，总当以简为主，所以留诗地也。使作诗义意必先见于题，则一题足矣，何必作诗？"袁枚《随园诗话》卷一三亦云："余谓诗题洁，用韵响，便是半个诗人。"既然简洁明了，字数一般不多。

我们看古人诗题又有写得很长的，大抵是必要的交代，行文依然简洁。如杜甫《暇日小园散病将种秋菜督勒耕牛兼书触目》："不爱入州府，畏人嫌我真。及乎归茅宇，旁舍未曾嗔。老病忌拘束，应接丧精神。江村意自放，林木心所欣。秋耕属地湿，山雨近甚匀。冬菁饭之半，牛力晚来新。深耕种数亩，未甚后四邻。嘉蔬既不一，名数颇具陈。荆巫非苦寒，采撷接青春。飞来两白鹤，暮啄泥中芹。雄者左翾垂，损伤已露筋。一步再流血，尚经缯缴勤。三步六号叫，志屈悲哀频。鸾凰不相待，侧颈诉高旻。杖藜俯沙渚，为汝鼻酸辛。"诗题十八字，不算短。诗的内容均围绕诗题展开。从开始至"林木心所欣"写"暇日小园散病"，因病到园中散心，诗人不习惯州府的送往迎来，喜欢园林的自由自在。从"秋耕属地湿"至"采撷接青春"写"将种秋菜督勒耕牛"，因观园景考虑耕种之事。从"飞来两白鹤"至结束即"兼书触目"，写诗人所见的白鹤觅食，其中的雄鹤受伤哀号，"志屈悲哀频"，写鹤亦是自况，故有结尾两句的同病相怜，且照应开头的"老病"。诗的内容分三部分，紧扣诗题，一步不差，又以"小园散病"做统摄，可见诗题虽然较长，却很严谨。清乔亿《剑溪说诗》卷下云："唐人间作长题，细玩其诗，如题安放，极见章法。"诚哉斯言！又如清张维屏的《十二月十九日坡公生日翁覃溪先生招同法时帆宫庶（式善）宋芷湾（湘）洪介亭（庐铨）顾南雅（莼）三编修吴兰雪国博（嵩梁）集苏斋拜笠屐画像》："四海知公双鬓皤，年年置酒寿东坡。高斋更展乌云帖（出观天际乌云帖墨迹），下里难酬白雪歌。淘尽英雄江水急，敲残春梦寺钟多。须眉笠屐长如在，玉宇琼楼近若何。"清诗人翁方纲号覃溪，笠屐画像指苏轼画像。据法式善《梧门诗话》卷一载：翁方纲平生爱慕苏轼，题屋楣曰"苏斋"，每年腊月十九日，悬东坡像，焚香设祭，邀同人饮酒赋诗。张维屏此诗即记载此事。诗题五十五字，几与诗等，可谓长矣，系交待时间、地点、人物、事件。其中，人物较多且为一时名流，此乃雅事胜事，作为晚辈的张维屏比较看重，所以一一注明。

从以上两例可以看出，较长的诗题是对诗之本事做必要的交待，类似新闻报道的要素。但诗题不宜描述议论过多，道尽诗中意思。从古人诗题看来，长题毕竟是少数，有的则以题目加序言的形式出现，此时的题目应该很短。近代诗人陈衍《石遗室诗话》云："大概古体用序，近体绝不用序。"此话可以参考。陈寥士《单云阁诗话》一四云："范伯子所制诗题，皆绵绵有情致，光绪诗坛中，卓然名家。"范当世的诗题有时很长，叙述也的确"有情致"，但如果是古体诗，可以摘取关键词为题，叙述部分处理为小序。小序也是能不要就不要。毛泽东《七律·登庐山》原有一则小序："1959 年 6 月 29 日登庐山，望鄱阳湖、扬子江，千峦竞秀，万壑争流，红日方升，成诗八句。"这样的文字，尽管交代了写诗的背景，但是对把握诗的主题并没有太大的帮助，反而局限了读者的想象空间。作品发表时，毛泽东就删去了序言。

2014 年中华大学生研究生诗词大赛大学生词组第一名为林晓萍，其词作《苏幕遮·咏木棉花怀詹无庵先生》序云："詹无庵安泰先生尝客居潮郡十有二载，其咏木棉有'伫听花魂咒晚风'之句，斯人长往，木棉尚新，花下诵之，怅惘累日。因有是赋焉。"词云：

> 月痕轻，江国寂。愁损檀心，木末听潮汐。照水柔情空咫尺。和泪辞枝，红入芸窗槅。　　守更阑，留梦碧。絮掩双旌（双旌，韩山旧称也），流眄今何夕。独往幽人成太息。一树斑斓，尚认春风笔。

钟振振先生评曰："无庵先生乃一代宗师。作者年辈相去甚远，或未谋面，故词之所当述者，惟后学之景仰耳。顾景仰者何，词未及之，但叙其尝客潮州，曾咏木棉而已，似有空泛之嫌。"按：钟先生所说有理。词之序言可删，题目改为"苏幕遮·咏木棉花"可也。

愚以为，不论古体近体，诗题宜尽量简短一些，让人一目明了，假如诗的内容很少，题目却很长，则有头重脚轻之感，排版印刷时诗题的字号一般大于诗句的字号，更加重了这种倾向。

某君作七绝《情人节为普天下有情人之颂》云："万物情痴人与同，醒其中也梦其中。年年今日风偏软，柳欲青丝桃欲红。"借情人节（公历2月14日）写人的痴情，后两句以物候作映衬烘托，虽是泛写，颇有情韵。然题目中的"为普天下有情人之颂"与诗句"万物情痴人与同"意思重复，且直露，不如删去，改题目为"情人节"，简洁又大方。

2014年中华大学生研究生诗词大赛大学生词组第五名程悦《苏幕遮·咏木棉花感忠义士作》词云：

浅芳菲，轻粉絮。占尽高枝，谁掩烧云处。缀焰焚英霞满树。万点成章，直照三春暮。　　断肠风，吹泪雨。天地飘零，慷慨倾红舞。烬冷烟销终不顾。一笑长空，复瞰山河曙。

钟振振先生评曰："题曰'感忠义士作'，不惟空泛，而且多余，可删也。"按：钟先生所说有理。咏木棉亦是咏人，不特意点明"忠义士"，反使作品更富于象征意义。又，钟先生曰，"烧""焰""焚"等，修辞重复，宜改一二处以避之；"倾红舞"语不甚通，嫌于生造。

姚平先生，网名"无以为名"，长于律诗，曾作《无题》诗云："岂可如刍狗，每因蝼蚁哀。石无言在泣，天有眼难开。伐性虽归蘖，违常已变灾。箕风几时起，扫尽一隅埃。"自注云："假疫苗事件点到为止。"此诗属于批判性质的不平则鸣，中两联议论精警，诗风峭拔。作者意识到"无题"的题目不明，所以特别加注，指明是针对假疫苗事件而写的。如此，注释可以去掉，题目改作"假疫苗"可也。

我曾作《随院党组织赴马鞍山监狱进行警示教育，感而作》诗云："高墙警语示严威，一入牢门百事违。此日低头应有怨，当时失足恣为非。车间活计连绵至，网外鸣禽自在飞。欲晋官阶先住狱，得无国法尽能依？"后来觉得没有必要写那么长的诗题，便改为"某监狱观感"。

词有词调（词牌），"词调最初创制的时候，应该都有意义，而且和内容有密切关联，大多数调名也就是词的题目。"（宛敏灏《词学概论》）例如《鹊桥仙》写牛郎织女相会，《祝英台近》写梁祝故事。姜夔的《暗香》《疏影》，从林逋"疏影横斜水清浅，暗香浮动月黄昏"两句诗中各摘两个字，内容也是咏梅。《花间集》中的词有词调，均没有题目。后来词人依声填词，借调抒怀，离开了创调的本意，往往在词调之外另加一个题目。所以填词时，词调一定要标明，题目之有无可视具体情况而定。天津词人王蛰堪《半梦庐词话》云：

> 词以无题为上，文即题也。若有题者，实不得不耳，乃文所不能尽述其曲，以小题为照应也。使人未读已有几分暗揣，而词中机趣，隐然折射矣。词固当先有题旨，然究系大义，能者往往作毕而后加题，以为关照，收笔外意内之功。要之，题不犯面，简雅为宜。白石词

极清空骚雅，而时有题面相犯，为人所讥，不可不知。

词以无题为上，但也可制题为文之照应，简雅为宜，要避免题面相犯，即避免词题与内容的重复，这些话大可值得注意。

某君作词《鹧鸪天·且把乡思付笔笺》："蝶舞蜂飞莫等闲，请君听我鹧鸪天。一场清雨穿帷幕，万里东风醉故园。　　花驾雾，柳含烟。湖光山色弄缠绵。千般姿态春心涌，且把乡思付笔笺。"该词有些空疏，即大而化之。"请君听我鹧鸪天""且把乡思付笔笺"之类的话说了等于没说。以词句为题，过于随意，"且"字显得突兀。这个词题可以去掉，只保留词调"鹧鸪天"；或者以"春思""乡思"等为题，胜过以词句为题。

某先生作词《水调歌头·人权乎？民主乎？》，写多年前美国官员殴打中国公民赵燕的事情，讽刺美国的假人权、假民主。但"人权乎？民主乎？"像一篇杂文的题目，根本不像词题，改为"赵燕事件"则简洁明了。

诗也可以写抽象的题目。我曾作《时间三首》："一番风雨送春归，落尽桃花絮乱飞。绿叶成阴桃结子，不堪回首柳依依。""重来旧地感欷歔，不独人非物亦非。映面桃花何处是？新栽樟木已成围。""月下灯前事早违，风摧木叶雁高飞。当初梦里频相见，二十年来梦亦稀。"初拟效晏殊题作"寓意"，又拟效黄仲则题作"绮怀"。诗成，发现时间在这三首诗中起着关键性作用，遂定为"时间三首"，既可以当作言情诗来读，表达一种怅惘之情，又可以说是通过言情体现时间的无情，变成了双重主题。

第二节　切合内容

吟诗作词得围绕题目来写，反过来说，题目得切合内容，这是不言而喻的。不管先有题目还是后有题目，题与文合是一般性的要求。古代科举考试的试帖诗系命题作诗，应试的举子们不得改动题目。当今的某些诗词大赛命题创作，参赛者当然也不能改动题目。一般情况下，作者借诗词抒情言志，记录人生感悟，题目可以自由命制，自由修改，谁也不能干预。但作为艺术，题目也应该追求尽善尽美，除了简洁明了以外，切合内容显得更为重要。

清吴乔《围炉诗话》卷六云：

二李派诗句，换其题，皆是绝妙好词。《乔太师宅》之诗，"燕地雪霜连海峤"移之登临，移"吟猿见月移孤树"于山中，移"宿雁惊人起别滩"于江南，皆合作矣。结云："二十逢君同跃马，十年回首笑弹冠。"既用"弹冠"事，移之讥乔不荐拔，即合作矣。"上客相如汉大夫"，移之为趋炎则妙矣。徐祯卿《赠别》云："徘徊桂树凉风发，仰视明河秋夜长。"别时草草匆匆，那有此孤独寂寥景象？移之怀人，即相称矣。此辈诗皆极好有意，只是题目差耳。尽改其题为眺望登临，莫非合作矣。

二李指明前后七子的代表人物李梦阳、李攀龙。《乔太师宅》即李梦阳的《乔太卿宇宅夜别》，全诗为："竹梧池馆夜偏寒，促席行杯漏未阑。燕地雪霜连海峤，汉家钟鼓动长安。吟猿见月移孤树，宿雁惊人起别滩。二十逢君同跃马，十年回首笑弹冠。""上客相如汉大夫"系李攀龙诗《崔驸马山池燕集得无字》第二句。徐祯卿《赠别》应为《赠别献吉》，献吉是李梦阳的字。吴乔指出这三首诗中的句子不切题，要是换题倒很恰当。试从三首七律全篇观之，吴氏所说不无道理。内容离题，牛头不对马嘴，诗句再好何用？吴氏云"此辈诗皆极好有意，只是题目差耳"，语含讥讽。

毛泽东有些诗词的题目也几经变化。经过修改之后，作品的对象和主题更加突出、明确。比如：《念奴娇·昆仑》曾经是《念奴娇·登岷山》，《水调歌头·游泳》原是《水调歌头·长江》，《蝶恋花·答李淑一》先是《游仙》，再是《游仙——赠李淑一》，最后改为《蝶恋花·答李淑一》。

张中行所在出版社要庆祝成立四十周年，张于是以《祝本社成立四十周年》为题写了一首五律："潜夫成庶老，季子未轻裘。亦有绌书兴，应无乞米羞。亡羊怜旧学，待兔愧新猷。欲献鸿都赋，冰桃祝万秋。"也许因为直接写祝贺不容易，而习惯了从自身下笔，到诗的尾联才转到题内。成篇一看，张中行觉得文不对题，怎么办？重新写又觉得费力，于是改题为"本社成立四十周年述感"，乃安。（见《诗词读写丛话》）

2018年第三届"海岳杯"诗词大赛诗部第三名葛勇《望星空》诗云：

秋心沸似海波扬，漠漠苍冥欲下霜。一月独悬星黯淡，八方酣睡夜微茫。看云遮岭天将坠，阅史知今气更凉。何事倚栏犹骋目，两三早雁正南翔。

张文胜先生评曰："诗境似全出曹子桓《燕歌行》，故气骨遒上。然措意不同，面目自殊。信乎纪文达序后山诗所云：胎息古人，得其神髓，而不掩其性情，此后山之所以善学杜也。对仗精工，兴寄深婉。惜全诗唯三句及一星字，他处则扣题略欠。如题为秋夜、阁夜、夜坐之类，则无间矣。"诗颇好，但扣题不紧。大赛系命题作诗，然就此诗内容来说，张先生建议的改题为佳。

某君作《过开封李师师樊楼》诗云："龙行微服夜迟归，未顾茅庐顾翠帷。徒赖四奸筹国策，岂安万姓免戎机？御书北阙筋初瘦，边马南侵膘正肥。梦遇师师应不识，蹴球衣换牧羊衣。"诗写宋徽宗宠幸妓女，重用奸臣，荒淫误国，不无讽刺之意。整首诗围绕宋徽宗展开描写、议论，题目中的"过开封"的主语是作者自己，诗中没有着落，诗的首尾两联与李师师有关，中两联与李师师没有关系。因此，诗与"李师师樊楼"结合不够紧密。改题目比改诗容易，题目可改为"宋徽宗"之类。

某君作《新安江即景》诗云："一江烟水明如画，沿岸桃源隐万家。原野新晴飞白鹭，村边篱落看黄花。"诗后注云："黄花，指油菜花，开放于清明前后，天地一片锦绣，令人称绝。"熊东遨先生认为，此诗写大路风光，毫无个性。除题目之外，诗中看不到一丝"新安江"的影子。干脆给题目松绑，改为宽泛一点的"江村即景"。又，油菜花一般称菜花，黄花一般指菊花。虽然自注"黄花，指油菜花"，但配以"篱落"，读来仍然感觉是菊花。熊先生遂改为《江村即景》："江水明空夕照斜，桃源境里隐人家。黄金翠玉镶成片，白鹭飞来看菜花。"（见熊东遨著《诗词医案类编》，下文引熊东遨改作，如不注明，皆出此书）

某君作《赠麻雀》诗云："老屋阴阴少素晖，雀儿何故困帘帷？开窗助尔逃尘网，好去山林自在飞。"开窗帮助麻雀逃出困境，颇见爱护动物之心。格律无误，语言清畅。题目却有可议之处，诗可以赠人，怎么能赠麻雀呢？改为"放麻雀"则更切合内容。

某君作《三春晨练》，原作遣词造句存在不少问题，我为之改如下："月隐风和岸柳依，晶莹露映旭光微。林幽绿暗闻禽语，剪水低空乳燕飞。"诗中四句全写春晨景物，不见晨练痕迹，所以我又建议将题目改为"春晨"，便稳妥了。

某生作《与复旦友人同游通济湖》诗云："扁舟乘霁即收篷，一夜浮名万里风。天色相连波色上，人声犹在橹声中。众星闪烁如吹烛，孤月熹微似挽弓。渐到罗衾眠忽觉，卧看朝日早生东。"额联有声有色，颇佳。颈联亦好，惟"吹"字未稳，吹烛易灭，而众星不灭，可易"摇"字。因诗中未及友人，故题中友人无着落。试改为《夜游通济湖》："扁舟乘雾夜收篷，一碧平湖万里风。天色相连波色上，人声犹在橹声中。众星闪烁如摇烛，孤月熹微似挽弓。午夜渐眠眠忽觉，卧看朝日早生东。"重"夜"字，似不可避，无妨。

我曾作《变脸鸟》诗云："枝头变脸赏仙禽，五彩容光浅复深。猛忆人情翻覆者，不曾悦目只惊心。"因感后两句乃联想所及，由物及人，非全部咏变脸鸟，于是将题目改为"观变脸鸟"。

2017年冬，我曾作《初雪》诗："冷到黄昏雨渐稀，琼花碎玉打窗扉。灯牌笼雾迷红影，竹木迎风试白衣。访戴路途何渺渺，招刘炉火正微微。天明四顾浑如梦，化雪成泥事已非。"周正环先生评曰："《初雪》一律堪称佳作！通首紧扣题旨，虚实有度，开阖自如。额联'试'字，点明是初雪，颈联用典贴切自然，借咏雪一展子猷风骨、白傅情怀。首联尾联都道出了江南初雪的特点：由黄昏疏雨变作琼花碎玉，美如春梦奈何天明即消，令人想起鲁迅笔下江南的雪，若是关西塞北初雪，则另是一番景象格调了。建议：题目改成'江南初雪'。"周先生所评褒扬有余，至于改题，加"江南"二字，我欣然接受，因为改后更加切合诗之内容。

周先生曾作《戊戌元夜》诗云："上林红紫斗芳菲，野草田苗绿尚稀。残雪难羁春有脚，余寒足令水生衣。香凝邓尉梅花发，柳拂秦淮燕子归。周甲又逢元夜月，清光可得透重帷？"只有尾联涉及元夜，我看后建议改题，周先生自改为《戊戌上元》。另，愚以为正月十五日前后气候寒冷，燕子尚未归来，建议改颈联为"香凝邓尉梅争发，柳拂秦淮燕欲归"。又，"余寒足令水生衣"句，"令"作"使"解，读平声，此处该用仄声字，似可改为"使"。周先生为诗气骨清朗，少有问题，偶有疏忽，从善如流。

2016年中华大学生研究生诗词大赛本科生词组第三名陈绍华《水龙吟·别大兄北上》词云：

> 过江飞燕低旋。烟波千里知何处。晴明待赏，湖山空好，柳黄自舞。水碧云青，惜花时候，送君南浦。看征帆似箭，行人如蚁，漫回首、愁无数。　　此去春深不见，况西园、斜阳春暮。新词能赋，旧游谁记？吹箫声苦。纵拟归期，夜深犹对，孤灯欹雨。向寻常梦里，故人楼上，指东风住。

钟振振先生评曰，中规中矩，清畅自如。题曰"别大兄北上"，按古汉语表达习惯，是我告别大兄而北上。然词中有"送君南浦"，不知作者究为行者抑居者。若为行者，则不应曰"送君"；若为居者，则题当作"送大兄北上"也。按：钟先生所说甚是。写作诗词应当较为熟练地掌握古代汉语，而这恰是当今很多诗词作者的弱项。

某君作《无题》诗云："持颐临纸叹，夜半苦吟诗。但恨连绵意，惟成片碎词。删涂双目眩，忆想一心痴。既就寻人问，方知独睡迟。"《粤雅》主编刘梓楠曰：题改为"夜吟"更好。按：改后更切合内容。

诗题要切合内容，但内容在字面上应尽量避免重复诗题字句。某君作《井冈山红色之旅感咏》诗云："红色旅游上井冈，多年夙愿幸今偿。参观革命光辉史，晋谒元戎俭朴房。五指峰雄留笑影，黄洋界险赞忠良。葱茏万木如岳立，血沃红花世代香。"该诗毛病不少，首句孤平，前四句空泛，整体口号化。此外，第一句"红色旅游"与题目犯重。江西诗人胡迎建劝作者"省过程，重场面。换意象，求变化"，并为之改如下："万木葱茏满井冈，眼明此境愿终偿。重温湘赣光辉史，顿悟朱毛俭朴房。五指峰雄留笑影，黄洋界险仰铜墙。征途记否忠良众，血沃红花代代香。"稍见起色。

清厉志《白华山人诗说》卷二记载：

> 唐人《落日》诗，有"古道少人行，微风动禾黍"之句，使易其题为"晚步"，为"郊行"，便不大佳，因题是"落日"，遂觉神希味永，玩索不尽。古人制题之妙，后来有几辈省得？

文中所引为耿湋《秋日》诗，全诗为："反照入闾巷，忧来与谁语。古道无人行，秋风动禾黍。"厉志所引诗"少"字"微"字均有误，题目也不是《落日》。但细思之，《落日》比《秋日》

好。诗中有"秋风"，故题目不必再出现"秋"字，出现了便是字面犯复，这个能避免尽量避免。又，"反照"暗示落日，而字面不相犯。厉志误抄题目比原题好，属于歪打正着。虽然《秋日》不如《落日》，但比《晚步》《郊行》要好。古人诗题偶有不妥之处，可以抉出批评，但不能径自篡改。

有故意改动古人诗题，照搬原诗借古讽今者。吾庐孺于1910年作《京华慷慨竹枝词》百首，大率讽刺当时的政治事件和社会问题，有两首诗直接搬用古人原作，只换了题目。其一《模棱派》："横看成岭侧成峰，远近高低各不同。未识庐山真面目，只缘身在此山中。"搬用苏轼的《题西林壁》，误抄"不"字为"未"字。其二《北京社会》："山外青山楼外楼，西湖歌舞几时休？暖风熏得游人醉，直把杭州作汴州。"搬用林升的《题临安邸》。这种做法有些游戏笔墨的味道，偶尔为之，可发一噱。

关于诗题，又有"题外命意"的说法。明谢榛《四溟诗话》卷一云："题外命意，善作者得之；不然，流于迂远矣。"我的理解是：诗题只是个由头或引子，诗的内容可以引申开去，但又不能离题太远。换一种说法即是虽不直接写题目，但命意须得与题目密切相关，如风筝飞得再高再远，丝线还是牢牢掌握在手中。十几年前，我初学诗时，曾作一绝句《折梅》云："一截黄梅插案头，清香妆点室中幽。风霜凛冽荒郊外，老树新伤口未收。"诗未写"折梅"的过程，而是写了折梅的目的以及事后的想象，与"折梅"存在密切关系。一位老诗人说我这是"题外作诗"，我当时吃了一惊，以为离题了。但老诗人又说这样未为不可，我也就心下释然，没有改动诗题。"题外作诗"大约就是"题外命意"吧！

顺便说一说编辑或鉴赏古人无题作品，要不要给作品加个题目的问题。我觉得应该尊重作者，保留原貌。私自加题，可能是妄改。清陈廷焯《白雨斋词话》卷七云：

> 古人词，大率无题者多。唐、五代人，多以调为词，自增入"闺情""闺思"等题，全失古人托兴之旨。作俑于《花庵》《草堂》，后世遂相沿袭，最为可厌。至《清绮轩词选》乃于古人无题者妄增入一题。诬己诬人，匪独无识，直是无耻。

王国维《人间词话》亦云：

> 诗之三百篇、十九首，词之五代、北宋，皆无题也。非无题也，诗词中之意，不能以题尽之也。自《花庵》《草堂》，每调立题，并古人无题之词亦为之作题。如观一幅佳山水，而即曰此某山某河，可乎？诗有题而诗亡，词有题则词亡。然中材之士，鲜能知此而自振拔者矣。

陈、王所言《花庵》《草堂》，分别指南宋黄昇所编《花庵词选》和何士信编选《草堂诗余》，他们开创了不良风气，影响深远。如清代舒梦兰撰《白香词谱》，所收100首词例，无题者都加上题目，如给李白的《忆秦娥》（箫声咽）加上题目"秋思"，给李清照的《醉花阴》（薄雾浓云愁永昼）加上题目"重九"等。今人犯此错者更是屡见不鲜。鲁迅的很多诗写在杂文中，本来没有题目。如 1933 年初，日军侵占山海关，国民党政府忙着搬运北平的古物而不准大学生逃难，鲁迅写了《崇实》一文加以批判讽刺，文末有诗云："阔人已骑文化去，此地空余文化城。文化一去不复返，古城千载冷清清。专车队队前门站，晦气重重大学生。日薄榆关何处抗，烟花场上没人惊。"（具体解释见本书第八章）某学者探解鲁迅诗，给该诗加上一个题目"吊大学生"，显然不能概括该诗的主旨。词学家宛敏灏有词《忆江南》，小序云："《黄山记游》稿成，填小词三首附卷末。"词云："黄山好，何似在人间。天外峰奇云作障，崖阿泉暖气如兰。能不忆黄山？""黄山忆，最忆玉屏楼。铺海云深迷海子，采莲人去望莲沟。何日更重游？""黄山忆，其次忆狮林。始信峰头攀接引，排云亭下看晴阴。早晚得重寻。"其学生编选该词，加上一个题目"黄山好，何似在人间"，径取词中两句，何费辞如此！

又，作品结集出版，都希望取个好名字，佳者既切合作品内容，又简洁而有意味。试举一例：林庚白《孑楼诗词话》载，林庚白与王调甫论诗，王谓其友人严既澄有集，名《驻梦集》，王以为必改《注梦集》乃佳。争而不能决，王征询林庚白的意见，林说两者皆未尽美，当易以"住梦"二字。听者称善。

第三章　增删内容

初稿既成，如果内容过于简约，意境枯淡，缺乏神采，则须增加内容，使其意境丰满，神采飞扬；如果内容过于芜杂，枝节太多，虚胖浮肿，则须删节内容，使其精炼含蓄，言简意赅。谢榛《四溟诗话》卷二云："大篇决流，短章敛芒，李杜得之。大篇约为短章，涵蓄有味；短章化为大篇，敷演露骨。"的确，将大篇压缩为短章，容易胜出，且较为常见；将短章拉长为大篇，难度更大，相对少见。是增是减，当视具体情况而定。

第一节　增加内容

有借前人句子略增数字为己所用者，有扩展古人作品以申己意者，有已作未尽意扩充内容者，如此等等。稍加胪列，有得有失，品评得失，可资借鉴。

有增加内容自具特色者。如谢灵运有诗句"林壑敛暝色，云霞收夕霏"（《石壁精舍还湖中作》），写黄昏山水清晖，是为名句。李白增四字为"襟前林壑敛暝色，袖上云霞收夕霏"（《酬殷明佐见赠五云裘歌》），用以描写五云裘上的景致，是为"襟前""袖上"，颇为得当。如此修改乃是借用，点化成句，两者各有千秋。

有增加内容胜出原作者。如刘长卿有诗句"青山对结庐"（《过鹦鹉洲王处士别业》）。林逋加"湖上"二字为"湖上青山对结庐"（《自作寿堂因书一绝以志之》），加"湖上"衬托，更富情韵。李嘉祐诗句："水田飞白鹭，夏木啭黄鹂。"王维取来衍为七言："漠漠水田飞白鹭，阴阴夏木啭黄鹂。"（《积雨辋川庄作》）顾随评曰："'漠漠水田飞白鹭'是一片，'阴阴夏木啭黄鹂'是一团，上句是大，下句是深。上句明明看见白鹭，下句可绝没看见黄鹂。景语如此，已不多得。"（《顾随诗词讲记》）

周正环先生在西藏写珠峰，初为五绝："云端览大千，终古雪绵绵。有志方登顶，无山可比肩。"稍嫌简淡，遂扩写为七绝："挺出红尘览大千，神鹰绕膝雪绵绵。云端有道方登顶，天下无山可比肩。"增益数字，便觉丰盈隽永。

"皖雅吟社"社课曾要求咏安徽籍已故诗词家，作五古或七古，仄韵。我作《读于湖词》初稿云："南宋初年金兵迫，历阳张氏迁为客。芜湖遂出状元郎，安国从兹名赫赫。我今披阅于湖词，一一于中见心迹。雄图远志荡膻腥，水调曾歌采石役。六州歌头何悲慨，建康留守为罢席。扁舟一叶过洞庭，不知今夕是何夕。胸次旷然咏中秋，足与坡词称双璧。情词婉约意缠绵，人知其好难寻绎。宛公撰文阐隐衷，少年情史豁然释。都云豪放介苏辛，大手笔自多风格。或如惊涛出深壑，或如静练浮天白，或如绉縠纹清江，各随其情之所适。岂但翰墨过于人，治有政声载史册。捐田百亩汇为池，至今陶塘留遗泽。人中麟凤竟早夭，用才不尽孝宗惜。合卷余亦感苍茫，吴波不动楚山碧。"（注：或如三句化用宋人语典，见宛敏灏《张孝祥词笺校·前言》）写成把玩再三，觉第五句"我今披阅于湖词"转折有点突然，遂在其前加两句："廷唱高宗称其诗，召对从容陈对策。"点出张孝祥诗才政才，为我读其词作铺垫，又前言高宗，后言孝宗，也算照应。

有意犹未尽，再作一首乃至数首者。我曾作《读郑思肖》一首云："不识所南翁，诗文今一睹。人奇事亦奇，试陈二三语。亡国若剜心，翰墨皆悲苦。终身只宋民，何惧陷于虏。不作元朝臣，绝交赵孟頫。寄意墨兰图，叶下无寸土。《心史》沉井中，历年三百五。书生报国难，唯梦旧天宇。爱国良足钦，愚忠未可取。餐菊复餐梅，精魂香万古。"诗成，觉意犹未尽，复作一首云："可叹所南翁，毕生持大义。忠孝立其身，不忘复国志。《心史》封铁函，沉哀井中置。又作《久久书》，泣血染两眦。出门则独游，入门则独睡。世人以为痴，容颜颇憔悴。晚岁画墨兰，无土寓深意。心如金石坚，念念唯一事。宋亡卅九年，洒尽孤臣泪。当时有叛臣，对此能无愧？"两诗内容各有侧重。

有增加内容别具滋味者。唐韩偓《偶见（一作秋千）》诗云："秋千打困解罗裙，指点醍醐索一尊。见客入来和笑走，手搓梅子映中门。"写一个女子打秋千，索酒饮，见客羞，和笑走，搓梅子，活泼可爱而略带羞涩。李清照《点绛唇》词云："蹴罢秋千，起来慵整纤纤手。露浓花瘦，薄汗轻衣透。　　见客入来，袜划金钗溜。和羞走，依门回首，却把青梅嗅。"从韩偓诗中脱胎而来，略有增删，添加了一些可爱的细节描写，使女子的形象更加妩媚羞涩，情态毕现。

1910 年 3 月 31 日，汪精卫和同盟会同志刺杀清廷摄政王载沣事败被捕，清廷判汪精卫"大逆不道，立即处斩"，汪精卫在狱中写下《被逮口占》五绝四首，其三云："慷慨歌燕市，从容作楚囚。引刀成一快，不负少年头。"不因人废诗，这首五言绝句还是很好的。抗战期间，汪精卫做了汉奸后，上海《大美晚报》副刊于 1939 年发表了陈剑魂的《改汪精卫诗》："当时慷慨歌燕市，曾羡从容作楚囚。恨未引刀成一快，终惭不负少年头。"在汪精卫原作基础上，各句前加两个字，由五言绝句变为七言绝句，借力打力，由志士诗变成讽刺诗，匠心独运，通体浑成。

有增加内容反不如原作者。唐李义府作《堂堂词二首》，其一云："镂月成歌扇，裁云作舞衣。自怜回雪影，好取洛川归。"写一女子的歌舞姿态，可能别有寄托。前两句写歌扇如月、舞衣似云，装扮修饰美好。曹植《洛神赋》写洛神有云："仿佛兮若轻云之蔽月，飘飘兮若流风之回雪。"李诗后两句借用此典故，写舞女以洛神自况，姿态情思不同流俗。诗为五绝佳作。唐张怀庆在李诗的各句前加两个字，变成自己的作品："生情镂月成歌扇，出意裁云作舞衣。照镜自怜回雪影，时来好取洛川归。"可谓画蛇添足，糟蹋了原作。据载，张怀庆欲附庸风雅，但才分有限，常窃取名士文章，略加增删，据为己有，手段拙劣，为时所笑，"生吞活剥"的成语就与他有关。

唐张志和有一首著名的词《渔歌子》云："西塞山前白鹭飞，桃花流水鳜鱼肥。青箬笠，绿蓑衣，斜风细雨不须归。"该词色彩鲜明，意境优美，体现了"烟波钓徒"冲澹的情怀和悠然自得的心境。宋人爱此词，欲歌之，觉其字少调短，于是为之增益，为《浣溪沙》，为《鹧鸪天》。增益之作与原作相比如何呢？试作比较。

苏轼《浣溪沙·渔父》云："西塞山边白鹭飞。散花洲外片帆微。桃花流水鳜鱼肥。　　自庇一身青箬笠，相随到处绿蓑衣。斜风细雨不须归。"该词在原作基础上增一景："散花洲外片帆微"，情境倒也和谐。而为了凑足字数，在"青箬笠""绿蓑衣"前分别增加"自庇一身"和"相随到处"，于意义无补，是为累赘。整体看，东坡改作不如张志和原作。

黄庭坚补充张志和遗事，足为《鹧鸪天》一词："西塞山边白鹭飞，桃花流水鳜鱼肥。朝廷尚觅玄真子，何处如今更有诗。　　青箬笠，绿蓑衣。斜风细雨不须归。人间底是无波处，一日风波十二时。"在原作基础上掺入议论，敷演露骨，与原作意境甚"隔"，怪不得东坡笑曰："鲁直乃欲平地起风波也。"

朱敦儒有《浣溪沙·玄真子有渔父词，为添作》云："西塞山边白鹭飞。吴兴江上绿杨低。桃花流水鳜鱼肥。　　青箬笠将风里戴，短蓑衣向雨中披。斜风细雨不须归。"此作略似东坡词，只下阕前两句更具体些，但风雨二字重复，"将风里戴""向雨中披"殊觉费力。

从以上三首失败的改作词中可以看出，原作本身浑融完整，无懈可击，欲增字句，亦难矣哉。

第二节　删削内容

有人作诗，不屑为绝句，以为七律最见功夫，最见水平，入手便是七律，任何题材都以七律出之，全无开阖顿挫、沉着痛快之韵致。又有人将一点感触、一点意思衍为百字乃至数百字古体歌行，看上去只觉拉杂拼凑，不堪卒读。又有人喜作词中长调，满纸浮词，不知所云。如此贪多求大的做法殊不可取。诗词是文学中最为精炼的艺术，扩展内容往往充水，删削内容易成佳作。律诗裁为绝句，七言减为五言，或者稍加挤压去掉水分，或者大刀阔斧砍削枝叶，有望使诗词更加精粹。袁枚《续诗品》之《割忍》云："叶多花蔽，词多语费，割之为佳，非忍不济。骊龙选珠，颗颗明丽。深夜九渊，一取万弃。知熟必避，知生必避。入人意中，出人头地。"方东树《昭昧詹言》续卷八亦云："作诗要割爱，有相妨者，离之双美，合之两伤。"作诗须得忍痛割爱，固不必敝帚自珍也。

魏晋时无名氏古诗云："步出城东门，遥望江南路。前日风雪中，故人从此去。我欲渡河水，河水深无梁。愿为双黄鹄，高飞还故乡。"前四句写一人走出城东门，向着通往江南道路的方向怅望。为什么一人到此怅望？因为在前日风雪之中，故人从此离去。可以想见，诗人踽踽独行，怀念不已，无限惆怅。从后四句得知，故人还故乡了，而诗人独自留下，所以惆怅。诗若删去后四句，成古绝句，不把话说白说尽，便有无穷意味。

敦煌残卷伯三六一九有唐畅诸《登鹳鹊楼》诗，系八句五言律："城楼多峻极，列酌恣登攀。迥林飞鸟上，高榭代人间。天势围平野，河流入断山。今年菊花事，并是送君还。"大约在流传过程中，后人因其首尾两联平平，与中间两联不相称，遂截去首尾两联，稍加改动，变成对起对结的五言绝句："迥临飞鸟上，高出世尘间。天势围平野，河流入断山。"前两句写楼之高，虚写；后两句写登楼所见之广，实写。前人评此诗，谓可与王之涣《登鹳鹊楼》并驾齐驱。这种改作是历史的淘汰删削，体现了读者的审美批评眼光，可见诗的生命力存在于读者之中。同样的情况见于高适的作品。高适有五言古诗《哭单父梁九少府》，后人裁取前四句成五绝："开箧泪沾臆，见君前日书。夜台今寂寞，犹是子云居。"与原作相比，只此四句，言短意长，令人动容。（参见刘

学锴《唐诗选注评鉴》下卷）

白居易曾作《板桥路》诗云："梁苑城西二十里，一渠春水柳千条。若为此路今重过，十五年前旧板桥。曾共玉颜桥上别，不知消息到今朝。"此诗并不太出色。刘禹锡有《杨柳枝》，似在白诗基础上加以删节，并改易数字，诗云："春江一曲柳千条，二十年前旧板桥。曾与美人桥上别，恨无消息到今朝。"改作更加凝练，精彩动人。这首改作，明人杨慎、胡应麟誉为神品。（参见周啸天《唐绝句史》）

柳宗元《渔翁》诗云："渔翁夜傍西岩宿，晓汲清湘燃楚竹。烟销日出不见人，欸乃一声山水绿。回看天际下中流，岩上无心云相逐。"东坡云："诗以奇趣为宗，反常合道为趣。熟味此诗，有奇趣，然其尾两句，虽不必亦可。"王士祯《渔洋诗话》亦云："柳子厚'渔翁夜傍西岩宿'一首，如作绝句，以'欸乃一声山水绿'结之，便成高作，下二句真蛇足耳。"二者所见略同。前四句于景物的描写中隐然可见高人隐士之风，境界已具。后两句再写白云无心相逐以示超然，实为多余。是故，东坡、渔洋山人建议删削大有道理。

唐王翰长诗《古长城吟》（一作《饮马长城窟行》）云："长安少年无远图，一生惟羡执金吾。麒麟前殿拜天子，走马西击长城胡。胡沙猎猎吹人面，汉虏相逢不相见。遥闻鼙鼓动地来，传道单于夜犹战。此时顾恩宁顾身，为君一行摧万人。壮士挥戈回白日，单于溅血染朱轮。归来饮马长城窟，长城道傍多白骨。问之耆老何代人，云是秦王筑城卒。黄昏塞北无人烟，鬼哭啾啾声沸天。无罪见诛功不赏，孤魂流落此城边。当昔秦王按剑起，诸侯膝行不敢视。富国强兵二十年，筑怨兴徭九千里。秦王筑城何太愚，天实亡秦非北胡。一朝祸起萧墙内，渭水咸阳不复都。"清吴乔说："只取后四句，可作一绝句。"（《围炉诗话》卷二）是有眼光。

李白《子夜吴歌四首》其三云："长安一片月，万户捣衣声。秋风吹不尽，总是玉关情。何日平胡虏，良人罢远征。"黄白山认为删去后二句作一绝句乃佳。细味之，李白诗后两句说白了，删去作古绝句，更有余味。

六言绝句到王维手中才见佳作，《田园乐》七首中有一首云："桃红复含宿雨，柳绿更带朝烟。花落家童未扫，莺啼山客犹眠。"顾随云："此境界的确不错，很有诗意，可惜写得俗。若把'复'字、'更'字去了，便好得多：'桃红含宿雨，柳绿带朝烟。花落家童扫，鸟鸣山客眠。'这好得多，何故？此盖中国诗不宜于六言。"（《顾随诗词讲记》）的确，六言读起来节奏单调，不如五言、七言整齐中有变化，所以六言诗不发达，即便是高手王维之作亦有可议之处。顾随改王维六言诗为五言诗，语言更加省净，读来更加顺口。刘长卿《寻张逸人山居》云："危石才通鸟道，空山更有人家。桃源定在深处，涧水浮来落花。"诗中有余字，试仿顾随之法改之："危石通鸟道，空山有人家。桃源在何处？涧水浮落花。"效果如何？

卢仝《月蚀诗》艰涩险怪，1677 字，过于混乱拖沓。韩愈《月蚀诗效玉川子作》改写缩写卢仝诗，更为高超，相当于老师修改学生的作业。清莫友棠《屏麓草堂诗话》说得好：

> 韩文公《月蚀》诗自题效玉川子作。陈齐之曰："退之效玉川子《月蚀》诗乃删卢仝冗语耳，非效玉川也。韩虽法度森严，便无卢仝豪放之气耳。"云云。谨按：法度森严，韩文所不肯少，他人岂反可少哉？盖法度不森严而徒事豪放，则游骑无归，无从制胜。其实韩于法度森严中何尝不豪放，惟其陈言务去，戛戛生新，虽豪放，人自不觉耳。试观此诗，括卢之三段为首段，且化其三十二句为十四句；括四段为次段，化其六十八句为二十六句。又括其二段为一段，化其二十四句为十句；又括其十段为一段，且化其九十六句为三十四句；又括三段为一段，且化四十八句为十四句。非敛豪放于法度中，焉能有此胜场哉？是韩之《月蚀》诗匪特教玉川也，乃删卢诗以成己诗，示天下万世以作诗之三昧耳。愿与读者商之。至云"乃删卢仝冗语，非效玉川"，则为不易之确论云。

谢榛尝与人论诗，认为钱起、刘长卿的七言律诗中间两联多虚浮之词，导致格调卑弱，元气不足。如钱起《送李评事赴潭州使幕》："湖南远去有馀情，蘋叶初齐白芷生。谩说简书催物役，遥知心赏缓王程。兴过山寺先云到，啸引江帆带月行。幕下由来贵无事，伫闻谈笑静黎氓。"其中的"谩说""遥知""兴过""啸引"便虚浮不实，谢榛约为五言律："自适宦游情，湖南有杜蘅。

简书催物役，心赏缓王程。山寺披云入，江帆带月行。应怀幕下策，谈笑静苍生。"挤掉水分，句无冗字，工稳健朗。(《四溟诗话》卷四)

王士祯将程周量的一则古诗删作绝句云："朝行青山头，暮歇青山曲。青山不见人，猿声听相续。"以为有不尽之意，程深服之。此事载《渔洋诗话》，只是未录程周量古诗原作，但删节后的绝句确是好诗。

清赵文哲《冒雨行老秧田道中啼猿满山率尔成咏》诗云："一峰十万树，一树四五猿。一猿千百声，杂以风雨喧。一日十二时，一程三十里。一军六千人，尽在猿声里。尔猿有何悲，子啼续母啼。尔本断肠物，不关生别离。三朝复三暮，一鸣更一跃。好似征夫苦，翻唱从军乐。"写猿啼落落独造，清真隽永。张维屏云："此诗至'尽在猿声里'，句意已足，于此处煞住，更觉浑然天籁。"细思之，颇有道理。(清·黄培芳《香石诗话》)

明何景明《秋江词》诗云："烟渺渺，碧波远。白露晞，翠莎晚。泛绿漪，蒹葭浅。美人立，江中流。暮雨帆樯江上舟，夕阳帘栊江上楼。舟中采莲红藕香，楼前踏翠芳草愁。芳草愁，西风起。芙蓉花，落秋水。江白如练月如洗，醉下烟波千万里。"清孙煦认为若删去末二句，尤有不尽之意。(《石楼诗话》)的确如此，末二句显得拖沓多余，可删。

松江雷曜《滑稽诗话》记载：清初定鼎，诸生有自命清高，故作隐遁者。顺治丙戌再行会试，其告病观望诸生，悉列名与考。滑稽者作诗以刺之曰："圣朝特旨试贤良，一队夷齐下首阳。

家里安排新顶帽，腹中打点旧文章。当年深自惭周粟，今日翻思吃国粮。非是一朝忽改节，西山薇蕨已精光。"诗中的夷齐指伯夷、叔齐。《史记·伯夷列传》："武王已平殷乱，天下宗周，而伯夷、叔齐耻之，义不食周粟，隐于首阳山，采薇而食之。"该诗反用伯夷、叔齐之典故，讽刺诸生为自命清高的假隐士。诗中的关键句是"一队夷齐下首阳"，作者可能先得此句然后足成全篇。王翼奇先生认为，诗中"一队夷齐下首阳"七字实可尽赅全意而余味曲包。夷齐本二人，而此云"一队"，夷齐饿死首阳，而此云"下首阳"，古今事异，故新而有趣。此诗如删去二、三联改作七绝，当更佳！（见《绿痕庐诗话》）按王先生的意见，我们来看改后的诗："圣朝特旨试贤良，一队夷齐下首阳。非是一朝忽改节，西山薇蕨已精光。"去粗取精，衔接自然，成七绝佳作。

周正环先生于 2016 年作七言律诗《国庆日登青城山》云："秋风彩笔赋华章，胜日仙山沐艳阳。紫殿轻烟飘太极，青城迷雾泛慈航。曾经剧震恩犹重，跳出凡尘血未凉。问道三清何所悟？人间有爱即天堂。"首联少个性，近于"老干体"，颈联略嫌费解。周先生随后改为五言律："秋色赋华章，青城濯艳阳。轻烟飘太极，绝谷泛慈航。历劫牵存殁，倾情共暖凉。仙山休问道，有爱即天堂。"精警许多。敢于对自己的作品动大手术，去除赘疣，方得健康的生命活力。

某君作五律《竹》云："羁旅三秋客，赊山竹比邻。半坡斜雨寂，千笋满庭春。透雪枝犹翠，欺霜节自矜。闲来思作帚，欲扫一天尘。"题为咏竹，首联却写自己，是为题外话，拖沓游离。"透雪""欺霜"意思重复，宜加合并。因尾联可取，熊东遨先生砍去一半篇幅，又稍加变动，成一首五绝："透雪枝犹翠，凌风影自伸。闲来思作帚，扫尽一天尘。"音韵朗畅，气势更足。

某君作词《踏莎行·暮秋》云："日暮霞飞，孤鸿渐渺，云烟锁尽青山小。欲寻柳色倩清风，零丁落叶逐衰草。　　遍抚江礁，余音袅袅，别时方恨多情少。相思一滴问春来，长杆莫把寒秋钓。"该词缺少一个具体的立足点，意象散乱，浮词满纸，需要减肥。熊东遨先生删去可有可无的话，再加以调整，成仄韵七绝："日暮霞飞鸿渐渺，云烟锁处青山小。相思一粒种春前，自向秋风江上钓。"压缩篇幅，改词为诗，颇具手段。

某君作七绝《春》云："惊雷一响蛰居醒，寒冻初消见绿汀。桥畔红梅无去意，撩人新柳叶先青。"熊东遨先生云：意思有，但字面拖泥带水。削去些枝蔓，装上"痕""浪"两个眼，诗就漂亮了。因改为五绝云："一夕惊雷响，寒消见绿汀。梅痕犹未褪，柳浪已先青。"

2017年中华大学生研究生诗词大赛大学生诗组亚军之一的刘林《咏江梅》诗云：

> 已惯荒山野水滨，依然绡帐把香频。清兮庾岭枝头雪，醉矣罗浮梦里春。将密还疏长浣雨，尚寒欲暖细生尘。曲魂我自开犹落，羞向东君寄此身。

黄坤尧先生评曰，此诗以颈联的缠绵意境取胜。惟诗中虚字亦多，"已惯""依然""清兮""醉矣"都是放在句首的位置，其实下文的五字意义已足，前面二字只是勉强凑成七言句法，写起来相当吃力，改作五言诗句可能更为凝练。大家试看："荒山野水滨，绡帐揾香频。庾岭枝头雪，罗浮梦里春。将密还疏雨，尚寒欲暖尘。曲魂自开落，东君羞寄身。"前四句平仄粘对皆合，后四句尚待调整韵律句法，举例而已，这里就不做大改动了。按：黄先生所说有理。我在黄先生改作的基础上试调整如下："荒山野水滨，绡帐揾香频。庾岭枝头雪，罗浮梦里春。将疏长浣雨，欲暖细生尘。我自开犹落，东君未及巡。"

与删削相似的是炼，炼铁成钢。如王维诗句："九天阊阖开宫殿，万国衣冠拜冕旒。"（《和贾舍人早朝大明宫之作》）杜甫删之为五言句："阊阖开黄道，衣冠拜紫宸。"（《太岁日》）更为精炼。又如谢榛《四溟诗话》卷一云：

> 僧处默《胜果寺》诗："到江吴地尽，隔岸越山多。"陈后山炼成一句："吴越到江分。"或谓简妙胜默作。此"到"字未稳，若更为"吴越一江分"，天然之句也。

撇开具体的诗歌语境，"吴越一江分"比原来的两句精炼，这种锻炼方法非常可取，我们可以随意拿两句诗来，将它炼成一句，比较效果，当有所悟。

第四章　推敲格律

　　旧体诗词讲究格律，包括字数、句数、平仄、对仗、押韵等都有相应的规范，即便格律相对宽松的古体诗，也有押韵的要求，无韵不成诗。格律是旧体诗词与新诗最大的区别，也是旧体诗词音乐美的突出表现。张中行说，诗词，就是以精练的富于音乐性的语言"表达出幽微情意"的妙手（《诗词读写丛话·前言》）。讲究格律乃戴着脚镣跳舞，善舞者由必然王国进入自由王国。工欲善其事，必先利其器，掌握格律是写旧体诗词的基本功，是必须跨过的门槛。有一个笑话，某人附庸风雅，填了一首"西江月"词，拿去请词学家宛敏灏提提意见，宛先生看后，觉得连基本的格律都没有掌握，无从说起，只好对他说："我看你这首词只需改动一字，把'西'字改成'东'字，叫'东江月'吧。"在写作、修改的过程中，很大程度上就是推敲格律，使其合律美听。初学写诗词，守律应严；一上手便信马由缰，则终将不可收拾。

第一节　调整平仄

近体诗的格律要求比较严。五言律句有四种，即：仄仄平平仄，平平仄仄平，平平平仄仄，仄仄仄平平。五言绝句、五言律诗只是这四种律句的排列组合，各有四种体式。七言律句也只有四种：平平仄仄平平仄，仄仄平平仄仄平，仄仄平平平仄仄，平平仄仄仄平平。七言绝句、七言律诗也只是这四种律句的排列组合，各有四种体式。除了个别地方平仄不论，几乎处处都要讲平仄。词按词谱，每种词调字句的平仄都有相应的规定，一般依清代的《钦定词谱》。写作时，不符合平仄格式的地方，也即不合律的地方就需要修改、调整，使其合律，或者对拗句进行拗救。其中有些特别情况，如近体诗中的失对、失粘、孤平、三平尾、三仄尾等有的必须避免，有的要尽量避免。

杜甫《春望》尾联："白头搔更短，浑欲不胜簪。""头"本为"发"，但"发"读入声，而此处按律要用平声字，故改"发"为"头"。李商隐《无题》（重帷深下莫愁堂）颈联："风波不信菱枝弱，月露谁教桂叶香。""叶"本为"花"，因为此处按律要用仄声字，故改。

　　某生作七绝《偶感》云："应笑书生醉兰舟，长哭壮士弃吴钩。此生未竟鸿鹄志，怎敢蹉跎到白头。"此诗为仄起首句入韵式，"兰"字该仄而误用平，"哭"字入声误作平声，失对。试改如下："莫笑功名梦里求，长悲壮士弃吴钩。此生未竟鸿鹄志，岂敢蹉跎到白头。"又，某生作《雨夜感怀》诗云："帘翻枯竹风摇曳，雨落秋深夜乍凉。感慨多因新故事，修习常赖旧文章。泛舟学海持初志，觅路书山盼绩良。几度思乡萦梦里，一笺眷念待归航。""习"字入声误作平声，"盼绩良"与"持初志"对仗未工。试改如下："帘翻枯竹风摇曳，雨落秋深夜乍凉。感慨多因新故事，修为常赖旧文章。泛舟学海持初志，觅路书山负锦囊。几度思乡萦梦里，一笺眷念待归航。"因为普通话没有入声，所谓"入派三声"，初学诗词者往往不熟悉入声字，这是需要解决的问题。我有四条建议供参考：首先是硬记，反复看《平水韵》入声17个韵部的字；其次是归类，可以参看网络文章《平仄及入声字简单的辨别方法》和《今读平声字的常见古入声字表》；再次是搜索，如上搜韵网查询；最后是实践，在阅读古典诗词和诗词写作中辨别运用。反正入声字就那么多，坚持不懈，掌握不难。清叶矫然《龙性堂诗话初集》载：

　　邢子愿云："李于鳞初作诗，尚操齐音，以仄为平，江左诸君有窃笑者。时方饮酒，即啮舌血滴杯中，吞之，曰：'后再犯此，当尽割吾舌。'自是一变，无复龃齰。"前辈刻苦若此，今之孟浪成句者，宁不愧此！

为了记住平仄四声，发毒誓倒是不必，然其精神可嘉，有志者事竟成。

刘禹锡《酬乐天扬州初逢席上见赠》诗云："巴山楚水凄凉地，二十三年弃置身。怀旧空吟闻笛赋，到乡翻似烂柯人。沉舟侧畔千帆过，病树前头万木春。今日听君歌一曲，暂凭杯酒长精神。"该诗写于宝历二年（826），这一年刘禹锡罢和州刺史，游建康，道扬州，与白居易相见，同返洛阳。自永贞元年（805）刘禹锡被贬至宝历二年（826）写此诗，前后二十二年，为什么诗中却说"二十三年"呢？白居易的原作亦云"二十三年折太多"，为什么？答案是为了调平仄，使其合律。该句的格律应为：仄仄平平仄仄平。"二十二年折太多"则是：仄仄仄平仄仄平，犯了孤平。为避免犯孤平，虚一点，加一年，便成了"二十三年折太多"。

何谓犯孤平？语言学家王力说：犯孤平指的是平脚的句子，在五言"平平仄仄平"这个句型中，第一字必须用平声；如果用了仄声字，就是犯了孤平。因为除了韵脚之外，只剩一个平声字了。在七言"仄仄平平仄仄平"这个句型中，第三字如果用了仄声，也叫犯孤平。（《诗词格律》）很多人心存疑惑，"仄平仄仄平"和"仄仄仄平仄仄平"，各句都还有两个平声字，怎么能算孤平呢？韵脚的平声字怎么要"除外"呢？王力的表述不够周密。在王力解说的基础上，我尝试对孤平作如下定义："平脚的律句，如果五言句第一字或七言句第三字该平而用仄，导致整句中无两平连用，即是孤平。"孤平乃诗家大忌，应避免。所以，白居易、刘禹锡将二十二年说成"二十三年"，便是考虑平仄的结果。

唐罗隐《早登新安县楼》中有一联云："草浓延蝶舞，花密教莺啼。"清陈梓曰："'教'作去声，终不可为训。何不易以'恣'字？"（《定泉诗话》）按：教，作"教育"的意思解，读去声，如"万方声教一时同"；作"使"的意思解，读平声，如"不教胡马度阴山"。罗隐此诗中的"教"字是"使""让"的意思，读平，但此处应该用仄声字。所以陈梓觉得可以改为"恣"字。

南宋张孝祥《木兰花慢》（送归云去雁）结句云："脉脉无言竟日，断魂双鹜南州。"是说自己出于无奈，与情人李氏分离，遂终日脉脉无言，痴望能像仙人王乔那样，每月朔望化舄为凫从南方州郡飞来。"双鹜"本为"双凫"，典出《后汉书·方术列传》，鹜，凫，都指鸭子，为什么改"凫"为"鹜"呢？因为"凫"读平声，"鹜"读仄声，这里必须用仄声字。

周正环先生曾作绝句《山雨》云："花落飘红雪，雨来润绿枝。岭头云作画，涧底水吟诗。"颇清新灵妙，惟第二句孤平。我为之试改如下："带雾飘红萼，含风润绿枝。岭头云作画，涧底水吟诗。"既避孤平，又不直接言雨，侧面烘托，雨在其中。

我曾作《南溪古寨》诗云："黄墙黑瓦古人家，篱笆牵牛处处花。小巷幽深通底处？青山一脉势横斜。""笆"字平声，失对，一时疏忽。周正环先生为我指出，并建议第二句改为"篱落牵牛处处花"，好。

词学家宛敏灏《采桑子·忆家山》下阕云："老来却忆家山好：冶父晴晖，绣水潆洄，咫尺天涯何日归？"冶父晴岚，为安徽庐江十景之一，"岚"与"晖"同为平声字，但因要与"归"押韵，故易为"晖"。绣水之名，原为"绣溪"，"溪"与"水"有平仄之分，这里易"溪"为"水"，就是出于音律之需要。

某君作七绝《农民工》云："萍踪浮影江湖里，冷月寒星望夜空。眼看他人房梦圆，一肩行李又西东。"立意甚佳，起承转合章法井然。可惜第三句"圆"字该仄用平，不合律。周正环先生改如下："江湖到处寄萍踪，冷月寒星望夜空。圆了他人新屋梦，一肩行李又西东。"稍作调整，便为合作。

某君作《消夏》诗云："南风引我至门前，水漾荷香向暮天。已步清荫缘竹径，更寻幽意泛兰船。心闲不觉蝉声噪，地僻能消暑气煎。牵起诗情谁可诉，且随佳境一陶然。"庞坚先生点评云：第三句"荫"字今音平声，平水韵去声沁韵，此处平仄失谐，可改"阴"字。

调整平仄，首先要合格律，进一步则求美听，求好的音节效果。汉字有平、上、去、入四声，平声分阴平、阳平，仄声包括上声、去声和入声，一般合律的句子只要合平仄即可。倘要细分，平声分阴阳，仄声分上去入，调和搭配效果更好，此乃微妙之处，可以细细体会。李白"朝辞白帝彩云间"七字，依次为阴平、阳平、入声、去声、上声、阳平、阴平，两平连用阴阳搭配，三仄连用分上去入，音调无重复之感，读来朗朗上口，和谐悦耳，为人称道。词中领字常用去声，以其劲健有力，气贯数句，用其他声调力量便弱。

杜甫近体诗一三五七句尾字用仄声，基本做到上去入间隔用之，一句之中三仄连用也基本做到上去入间隔用之，"晚节渐于诗律细"也体现在这些地方。

句尾字在停顿处，其声调比句中字的声调更重要，宜求变化，读来抑扬顿挫，才不至于单调乏味。毛泽东就比较注意这一点。他已发表的七律共 15 首，首句皆入韵。其中，三五七句尾字分上去入三声的有 6 首，如《长征》中的"浪""暖""雪"，《人民解放军占领南京》中的"昔""寇""老"，《和柳亚子先生》中的"国""断""浅"等。三五七句尾字有两种声调的共 8 首。三五七句尾字只有一种声调的 1 首，即《和周世钊同志》，尾字分别是"去""旧""逝"，皆为去声，虽然合律，总觉单调。

我曾作七律《暮春游神山公园芙蓉湖》云："莫道青山臂里藏，芙蓉竟改昔时妆。四围灌木消丛影，几地鹃花散乱香。水面禽飞惊泼刺，波间人泳犯清凉。欲寻净土知何处，落日熔金乱闪光。"第三句尾字"影"初为"迹"，因与第五句尾字"刺"同为入声，故改。这样，三五七句尾字"影""刺""处"分别为上入去，声调有变化。

某君作《悼余旭》诗云："金雀长空画彩虹，英姿飒飒比雄风。魂飞化作云舒卷，万里河山揽眼中。""揽眼"二字皆上声，读起来声调不谐，如果改为"一览"，入上连读，便觉好听。

第二届"湘天华杯"全球诗词大赛诗部金奖获得者苏俊先生有一首《蚊》，诗云："群蚊浩浩来，虎噬狼还咬。一念悯苍生，千年供尔饱。"诗友批评，认为第二句词序应为"虎噬还狼咬"，苏俊认为："这是论者诗口不熟的原因。哪句顺、哪句拗口一读而知。"并说："诗词除了思想主题，声韵、组词、句法等都是不容忽视的。"苏说有理。"虎噬狼还咬"，"虎噬还狼咬"，意思一样，常用的句式是后者，但为什么前者更顺口些呢？可能因为"虎噬"与"狼还咬"大体成并列结构，而在"虎噬"与"狼咬"之间插一"还"字，于并列结构之外又多一字，便觉拗口。

清李佳《左庵词话》卷上"音律可以意会"一则云：

> 《词源》有云：先人晓畅音律，有赋《瑞鹤仙》一词云："粉蝶儿扑定花心不去。"按之歌谱，"扑"字稍不协，改为"守"字乃协。又作《惜花春起早》云"琐窗深"，"深"字不协，改"幽"字又不协，再改"明"字，歌之始协。按此中微妙，可以意会，不可言传。

这两处改字的微妙，实际上是可以言传的。"扑定"，入去连用，入声是短促调，去声是长调，两者衔接不自然，不如"守定"上去结合，起伏自然，试读便知。"琐窗深""琐窗幽"之所以不谐，是因为"窗深""窗幽"都是阴平组合，调子平平，不响；改为"琐窗明"，"窗明"二字阴平阳平，便觉响亮，余音袅袅。

仄声字连用宜有上去入的变化，但还得注意与前后平声字的搭配，以顺口和谐为上。潘保根先生作《鹧鸪天·嵌名贺束春霞开业大吉》词云："淑质花容集在身，纵横宇内正芳辰。玄机匝地无还有，霸气弥天武也文。　　霞一束，景三春。风光惠及有缘人。内蒙谁奏江南曲，迷醉天涯已几巡？"按：束春霞为青年企业家，主打公司在内蒙古，又在家乡安徽无为县做公益活动，办了两个教育机构，为广大学生提供服务。因词的最后两句都是问句，我建议将问号放到"江南曲"后面，最后用句号收束。又，因"已几"皆为上声，欲建议改"几"为"数"，细读之，"已数巡"连读不如"已几巡"连读顺口，遂作罢。

顾随主张用字色彩要鲜明，声调要响亮。他说：

> 诗之美与音节字句甚有关。
>
> 近体诗有平仄，古诗无平仄亦有音节之美。格律乃有法之法，追求诗之美乃无法之法。如余有词云："篆香不断凉先到，蜡泪成堆梦未回。"（《濡露词·鹧鸪天》）原稿"先"字为"初"字，而"初"字发暗，发哑，改为"先"字。余作诗词主张色彩要鲜明，声调要响亮。此为目的，至于方法如何则识机而变。"初"字不冷不热，用在此处不好。而若小杜之"豆蔻梢头二月初"（《赠别》）之"初"字，鲜嫩，用得好。"梦未回"之"未"字原稿为"欲"字。"未"是去声，"欲"字亦读去声。或谓"未"字深，"欲"字浅，此尚非主因。

主因亦在鲜明、响亮，故"未"字较"欲"字好。（《顾随诗词讲记》）

按："初""先"二字开口度不同，前者韵母为高元音，开口度最小，故喑哑；后者韵母为低元音，开口度较大，较响亮。"未"字的韵腹开口度比"欲"的开口度要大，是舒声的去声，响亮；"欲"是促声的入声，不如"未"字鲜明响亮。同一平仄亦加考究，审音细致入微。唐玉虬《五言楼诗草自序三》亦云：

> 歌诗之法失传已久，能读诗者今亦殊甚少。……盖诗即乐也，今之读诗者皆击腐木湿鼓之音也。而其自为之诗，亦率皆腐木湿鼓之类，虽使善读者，亦不能变为金石丝竹之音也。盖诗学之衰至今日而极矣！鼎元之学七古也，名山师训之曰："要如霹雳一声到地，无此一声，则不能与学律诗也。"师举韩昌黎赠元微之句训之曰："玉磬声声彻，金铃个个圆。"凡师之训，亦无非欲避夫腐木湿鼓之音也。

唐玉虬《怀珊集·记与珊若论诗》又云：

> 珊若尝问唐人诗与今人诗之别。余曰：声香色味意境神韵皆臻上乘，此是盛唐人之佳诗，今人于此八字多不讲究，所以不如古人。兹请但以声言：声贵洪远有馀音，震乎簨外。盛唐诗之声，洪钟嘈呕之声也；后人

诗之声，能为长笛嘹亮之声为最高矣，最下则如击土鼓朽木耳。欲声之高且远，贵在选字，如"不教胡马度阴山"之"马"字，试易以"骑"字未尝不可读也，然声容则大减。"群山万壑赴荆门"之"群"字，试非老手，对"万"必以"千"，然以"群"易"千"则韵协而音弥远。"不教胡骑度阴山"之句，譬之于射，彀弓七八分而发矢者也；"不教胡马度阴山"之句，彀弓十二分而发矢者也，然后人则足于"骑"字，不上取"马"字矣。其何故欤？曰：古人求师，今人不求师；古人善读，今人不善读。今人胡琴二黄皆有师，一字半音，穷年累月，究之不已。至于诗不然，屠贾贩夫，识字如瓜不论担者，皆能为之，七字一顿即为七字诗，五字一顿即为五字诗，此其所以愈作愈下也。读律绝诗当如苏门之啸，有凤鸣鸾哕之声，准其字之四声，抑扬高下，字字送到，跌荡顿挫，曼声诵之，此古人所谓咏也，所谓长吟也，今人则直其声哼之而已，又安能得其音节之高下哉？洪钟无别于土鼓，安能辨其"骑"与"马"之得失，此诗声之所以日趋于微也。盛唐人于上、去二字多间隔用之，如"马""度"二字，一上一去，易读得响；如"骑""度"二字，皆去声连用在一处，便不易读得响。如二个上声字连用在一处亦然，此唐人诗用上、去声二字之秘也。

唐先生感叹今人不懂歌诗之法，不会吟咏，审音不细，所作律诗绝句音响效果不佳，确当引起我们注意。固当向盛唐人学习，向名家请教，以求进益。

律诗平仄森严，但古体诗则比较宽松。清翁方纲《石洲诗话》有一则记载值得注意：

> 迪功五集内，未尝无造诣处。今读《迪功集》，自必以其师古者为正矣。然如朱竹垞录其《效何逊之作》云："帘栊秋未晚，花雾夕偏佳。暗牖通新烛，虚堂闻落钗。淅淅乌惊树，明明月堕怀。相思不可见，兰生故绕阶。"第四句竹垞作"响落钗"，然原本是"闻"字也。"闻"字实不可易，以音节言，对上句"通"字，似乎可仄。然此处用仄，则上四句纯乎谐调矣，下四句之"淅淅"奚为而变仄？"兰生"奚为而变平耶？惟其上四句之谐调，至第四句第三字忽以"闻"字变平咽住，所以后四句移宫换羽，乃天然节拍耳。即以诗理论，此通篇叙景，至第七句乃露情事，则第四句必作"闻"字，方与"不可见"相为环合也。若作"响"，则是仅取字势似乎陡健，字音似乎锵脆，而不知其于诗理全失之矣。

《迪功集》是明"前七子"之一徐祯卿的作品集。《效何逊之作》一诗因"淅淅"一句失粘，"兰生"一句失对，多处不合律，只能说是一首具有律诗特点的古体诗。朱竹垞改"虚堂闻落钗"

为"虚堂响落钗"，欲使其合律，则没有必要。翁方纲辨析细腻，入理入情。

遵守格律是基础，掌握以后允许适当放宽，如果有佳句警言，不因词害意，自可突破格律的限制。如四川杨启宇先生《七夕打油》诗云："双星银汉隔迢遥，谁遣灵乌赴碧霄。七月七日七点半，一年一度一魂销。何须摸石方穿水，可惜过河便拆桥。还是瑶池光景好，东皇王母宴蟠桃。"七月七日一句全是仄声，虽不合律，与下句巧对，不改可也。

第二节　安排对仗

对仗，俗称对对子，也是写诗的一大基本功。日本遍照金刚《文镜秘府论·论文意》云："凡文章不得不对，上句若安重字、双声、叠韵，下句亦然。若上句偏安，下句不安，即名为离支；若上句用事，下句不用事，名为缺偶。故梁朝湘东王《诗评》云：'作诗不对，本是吼文，不名为诗。'"说的有些绝对，但古代诗文中对仗确属常见现象。律诗中间两联必须对仗；排律可以写得很长，中间各联均须对仗；个别词调也有对仗的要求，如《望江南》《浣溪沙》《鹧鸪天》等等。古体诗本不必对仗，可以"运律入古"，但对句不宜太多，对句太多失其古朴之风。对仗格律颇严，亦须锤炼自然。元代孔齐《静斋至正直记》卷四载，一生作诗喜联对句，有云"舍弟江南死，家兄塞北亡"。人惊问其故，云惟有一身，未尝有兄弟也。时人续之曰："只求诗对好，不怕两重丧。"成为求切对妄作诗的笑话。古代练习对对子的启蒙读物不少，清初李渔编纂的《笠翁对韵》、车万育编纂的《声律启蒙》影响很大，反复诵读，可以帮助识平仄、对对子、记韵部。对仗，看上去简单明了，实则颇有讲究，且多变化，有工对，有宽对，有正对，有反对，有借对（活对），有流水对，等等。在创作、修改过程中，宜做到几个方面：对仗力求工整，律诗中两联的句法句式宜变化，避免合掌。

"书山有路勤为径，学海无涯苦作舟。"这是明代一书室联，大众熟知。愚以为"苦"字未稳。"苦"字当作"刻苦"解，与"勤"字意思重复，且"苦"有令人望而生畏之感，易"苦"为"笃"（真诚）若何？

杜甫《秋兴八首》其五："蓬莱宫阙对南山，承露金茎霄汉间。西望瑶池降王母，东来紫气满函关。云移雉尾开宫扇，日绕龙鳞识圣颜。一卧沧江惊岁晚，几回青琐点朝班。"第三句的"降王母"本为"王母降"，因要与"满函关"对仗，故改，改后皆为动宾结构。

宋代王中《干戈》诗云："干戈未定欲何之，一事无成两鬓丝。踪迹大纲王粲传，情怀小样杜陵诗。鹡鸰音断人千里，乌鹊巢寒月一枝。安得中山千日酒，酩然直到太平时。"此是七言律诗，中两联要求对仗。与"王粲"对，最好用姓名，此处本该用

"杜甫"，但相对的字平仄要相反，不得已，用杜甫曾经的住地"杜陵"代替。情怀无所谓大小，称为"小样"，是为了与"大纲"（"大"字处可平可仄）对仗。

宋俞处俊有一联云："月下子规喉舌冷，花间蝴蝶梦魂香。"后改"月下"为"叫月"，改"花间"为"宿花"，则与"喉舌""梦魂"相联属，相照应，妙胜原作，此细节处大可值得注意。（清·马鲁《南苑一知集论诗》）

张孝祥《转调二郎神》（闷来无那）中有云："便锦织回鸾，素传双鲤，难写衷肠密意。""锦织回鸾"用窦滔妻苏氏织锦为回文诗以寄其夫的故事，易"文"为"鸾"，是为了与下文"双鲤"对仗更为工整，鸾凤常用于夫妇关系。

古人诗话中言及对仗修改之例甚多，如袁枚《随园诗话》卷六云：

> 霞裳从余游琴溪归。次日，同游之盛明经复初以二律见投。余问："盛公何句最佳？"霞裳应声云："惟'赤鲤去千载，青山留一峰'。"余曰："然。果近太白。"后三日，路遇雨。霞裳曰："偶得'雨过湿云忙'五字。"余极称其得雨后云走之神，代作出句云："风停干鹊噪。"家春圃观察曰："'噪'字对不过'忙'字，为改'喜'字。"霞裳《过鄱阳湖》云："风能扶水立，云欲带山行。"亦佳。

所引佳句均为对仗句。其中，"风停干鹊噪"不见感情色彩，

"风停干鹊喜"更富于情味，与"雨过湿云忙"恰成妙对。

清人秦文超《读楚辞作》七律颔联云："明月竹枝湘浦夕，西风木落洞庭波。"王翼奇先生认为："木落"似可改"木叶"，既与"竹枝"属对更臻妥帖，且不着"落"字，"木叶下"之意自在言外，亦饶有余味。按：王先生所说有理。元钱惟善即有诗云："明月竹枝扬子夜，西风木叶洞庭秋。"（《渔村意》）又，陆游《南楼》七律颈联云："登临壮士兴怀地，忠义孤臣许国心。"王先生认为"忠义"字太实，可改为"想见"。（参见《绿痕庐诗话》）按："登临"动词并列，"忠义"形容词并列，故可以对。改"忠义"为"想见"成流水对，更漂亮。只不知这"忠义"是自指还是指他人，如果指他人，改"想见"自然稳妥。

清施闰章《蠖斋诗话》载：

> 元萨天锡诗："地湿厌闻天竺雨，月明来听景阳钟。"脍炙于时。山东一叟鄙之，萨往问故。曰："此联固善，'闻''听'二字一合耳。"萨问："当易以何字？"叟徐曰："看天竺雨。"萨疑"看"字所出，叟曰："唐人有'林下老僧来看雨'。"萨俯首，拜为一字师。

盖"闻""听"二字同义，出自单一的听觉，犯合掌之病，改"闻"为"看"自然好。然"看雨"系常用词组，不必字字都有来历。

明谢榛深于诗道，善于改诗，其改他人诗务求完美无疵，如《四溟诗话》卷四云：

凡炼句妙在浑然。一字不工，乃造物之不完，愚论已详首卷。许浑《原上居》诗："独愁秦树老，孤梦楚山遥。"此上一字欠工，因易为"羁愁秦树老，归梦楚山遥"。释无可《送裴明府》诗："山春南去棹，楚夜北归鸿。"此亦上一字欠工，因易为"江春南去棹，关夜北归鸿"。刘长卿《别张南史》诗："流水朝还暮，行人东复西。"此上二字欠工，因易为"旅思朝还暮，生涯东复西"。周朴《塞上行》诗："巷有千家月，人无万里心。"此中二字欠工，因易为"巷冷几家月，人孤千里心"。诸作完其造物，以俟后之赏鉴者。

许浑诗两句首字"独"与"孤"合掌，宜改。"羁愁""归梦"意思准确，且避免合掌，改后佳。释无可诗，"山"属地理名词，"楚"属国家名词，未为工对，而且"山"与"棹"缺少关联；改作"江"与"关"皆属地点，可算工对，"江"与"棹"又有关联。刘长卿诗"流水""行人"以物对人，未工，改作"旅思""生涯"皆属人，对仗工整。周朴诗"巷有""人无"对仗机械，缺乏感情，改作"巷冷""人孤"，感情色彩浓郁；"几"字仄声，当平，"千"字平声，当仄，为拗救。由以上四例可见，谢榛改诗考虑到不同角度的问题，细致入微，令人叹服。

清顾嗣立《寒厅诗话》载，元虞集以诗诣赵孟𫖯，有"山连阁道晨留辇，野散周庐夜属囊"之句。赵曰："美则美矣，若改'山'为'天'，'野'为'星'，则尤美。"按：为何改后尤美？

盖"天连阁道"更显阁道之高远，"星散周庐"以星作衬托，境界更为阔大优美。

清吴颖穗作《寄沈拙存介黄》诗示朋友蒋鸿翮，诗中有云："无多聚首频看烛，别后相思判倚楼。"蒋曰："以'别后'对'无多'不工，何不易'不尽'二字？"吴闻之跃然，自是每有诗，必请蒋点定，常向人称蒋为诗家扁鹊。(《寒塘诗话》)

陈寥士《单云阁诗话》载，日本某将校，工汉诗，用力至勤。有句云："水月无高下，花枝有短长。"为得意之作。一日，就正于陈彦通，陈以"风"字易"花"字，大胜原作，其人深为佩服，后寄诗甚多，欲为诗弟子。按：为何改后大胜原作呢？因为"水月"即水中之月，乃两物，"花枝"即开花的树枝，为一体。"风枝"即风中的花枝，乃两物，适与"水月"相配。

陈独秀《存殁六绝句》之四云："老赞一腔都是血，熊侯垂死爱谭兵。蜀丁未辟蚕丛路，淮上哀吟草木声。（存为霍邱郑赞丞，殁为正阳熊子政）"台湾版《台静农先生珍藏书札》（一）称"淮上哀吟草木声"为"淮水哀吟草木声"。按：当以"淮水"为佳，一者，"淮水哀吟"句子通顺；二者，"淮水"与上句"蜀丁"恰成对仗。

鲁迅杂文《为了忘却的记念》中有一首七律："惯于长夜过春时，挈妇将雏鬓有丝。梦里依稀慈母泪，城头变幻大王旗。忍看朋辈成新鬼，怒向刀丛觅小诗。吟罢低眉无写处，月光如水照缁衣。"诗为纪念左联五烈士而作，颈联初稿为"眼看朋辈成新鬼，怒向刀边觅小诗"，"眼"，名词，"怒"，动词，对仗不工，改"眼"为"忍"，为"不忍"或"岂忍"之缩略，与"怒"对仗工整，也更饱含感情。改"刀边"为"刀丛"，更显形势险恶，"丛"有多的意思，与出句"辈"字恰成工对。从中可见鲁迅作诗一字不苟，可为后学模范。

某君作《卢沟桥感赋》云："永定河中水断流，春闺白骨恨难休。化朱成碧前朝泪，飞弹留痕志士羞。尚有群鸦嚣落日，何能一笑泯恩仇。劝君且效卢沟月，冷眼明明看大球。"熊东遨先生认为，写卢沟桥不忘国耻，诗意自好。但首联用"可怜无定河边骨，犹是春闺梦里人"典故，显得不伦不类。三四两句成语囫囵吞枣，且属对不工。第五句"鸦"字不如"狼"字。"落日"为动宾结构，难与并列结构"恩仇"成对。尾联虚泛无力，冲淡了主题。因改如下："永定河中水断流，滩遗白骨恨悠悠。波痕未尽前朝泪，弹迹犹蒙此日羞。尚有群狼嚣角落，何能一笑泯恩仇。伊谁得似卢沟月，目注东瀛未肯休。"

某君作《伞》诗云："玲珑衣五彩，默默历风尘。纵使千根骨，终归一点心。撑开新气象，遮住好光阴。今日断桥上，能逢避雨人？"该诗颔联精彩，有理趣，一点小小不足是对仗未稳。我建议改"纵使"为"纵有"，对仗更工。作者称善。

某君作《歙县道中》诗云："曲径时高下，峰回又一湾。苍崖斜插水，翠竹静连山。鸟踏春花落，牛牵古巷还。停车亦何事，倚石听潺湲。"清雅可诵，惟颈联句法结构不一致，我建议改为"鸟蹴春花落，牛归古巷闲"。作者称是。

某先生作《冬日》："彤云叆叇锁苍穹，惨淡秋光问去鸿。稻雀啁啾迷腐草，野鸦簇簇漫荒空。黄花已失傲霜骨，弱柳那堪舞雪风。若倩重书枯树赋，登楼王粲也难工。"诗以冬日萧瑟凄凉景象喻写抑郁情怀，整体尚好。颔联对仗未工，其余几处字词亦可修改。为之改如下："彤云叆叇锁苍穹，绚烂秋光去似鸿。稻雀啁啾迷腐草，林鸦聒噪漫寒空。怜花已失凌霜骨，问柳何堪舞雪风。若倩重书枯树赋，登楼王粲也难工。"

某君作五言排律《食凉虾》，序云："凉虾者，以米浆漏入冰水所制饮品，形似鱼虾，甘甜解渴。"诗云："谁探老蛟窟，割此玉千丸。不入王侯鼎，偏加隐逸餐。幽姿同楚女，香气佩秋兰。曼衍鱼龙态，翻腾江海澜。吹衣风凛凛，照水雪团团。得气诸峰白，澄怀六月寒。甘肥今已领，高洁古来难。寄语磻溪客，从兹罢钓竿。"张文胜先生评曰，由微物而想入非非，见才人手段。一起已觉不凡。后半更笔势澜翻，愈转愈奇，且无懈笔。洵为佳作也。惟"得气"与"澄怀"对未极工，"气"与前亦复。建议改为"嘘吸诸峰白，胸怀六月寒"。

关于律诗中间两联的句法结构，吴乔《围炉诗话》卷三云：

> 唐人诗有平头之病，如窦叔向之"远书珍重"、"旧事凄凉"、"去日儿童"、"昔年亲友"，唐彦谦之"泪随（当为"从"字）红蜡"、"肠比朱弦"、"梅向好风"、"柳因微雨"，亦当慎之。

按："平头"有二义。"八病"说有"平头"一病，即五言诗第一字与第六字同声，第二字与第七字同声，同声即同平上去入四声，犯者名为犯平头，属于声调范畴。吴乔所说的"平头"，应指律诗中两联四句各句开头词性一致，无变化，属于词性范畴。窦叔向诗《夏夜宿表兄话旧》："夜合花开香满庭，夜深微雨醉初醒。远书珍重何曾达，旧事凄凉不可听。去日儿童皆长大，昔年亲友半凋零。明朝又是孤舟别，愁见河桥酒幔青。"此诗中间四句以"远书""旧事""去日""昔年"起头，均为偏正名词性词组，词性一致，没有变化，故称"平头之病"。唐彦谦诗《寄怀》："有客伤春复怨离，夕阳亭畔草青时。泪从红蜡无由制，肠比朱弦恐更危。梅向好风惟是笑，柳因微雨不胜垂。双溪未去饶归梦，夜夜孤眠枕独欹。"此诗中两联亦犯平头之病。

河南诗人方伟曾游襄阳，对襄中风物十分眷念。诗友鹿门酒隐常写咏襄樊的诗，有一首《减字木兰花》触发其诗兴，乃作七律云："正我多情思旧事，读君减字木兰花。岘山入眼岚烟紫，汉水连天鹭影斜。古屋每疑庞老隐，前村应即浩然家。风光欲与先贤共，歌席平分览物华。"写成后随手发到网上，后来一看，发现中两联结构基本雷同，即句法合掌。颔联前两字"岘山""汉水"，颈联前两字"古屋""前村"，都是名词性质，犯了平头之病；颔联后三字"岚烟紫""鹭影斜"，颈联后三字"庞老隐""浩然家"，结构仿佛。方伟自改颈联为"每见村疑庞老隐，可能屋即浩然家。"各句前半截变化了，后半截未变，但改后好多了。

吴孟复曾与钱仲联同游浮山，吴先生作诗有云："白首初偿桴渡约，青林乍染夕阳斑。"钱先生说："初"与"乍"义近，合掌；

"乍"当改为"正"。吴先生乐不可言。(《勉堂诗话》卷三)

谢榛《四溟诗话》卷一云:

> 耿湋《赠田家翁》诗:"蚕屋朝寒闭,田家昼雨闲。"此写出村居景象。但上句语拙,"朝""昼"二字合掌。若作"田家闲昼雨,蚕屋闭春寒",亦是王孟手段。

谢榛改后自然更好,但未可置诸原诗,因为改作的平仄变了。

2014 年中华大学生研究生诗词大赛研究生词组第三名蒙显鹏《苏幕遮·韩江》词云:"木葱茏,波浩渺。江影无情,曾照人枯槁。遥想支筇韩愈老。逐鳄文章,犹带滩声啸。　　旧沧浪,堪网钓。鹧雨潇潇,香火存祠庙。一曲烟泓鸥占了。独把江蓠,长作甘棠吊。"钟振振先生评曰,"旧沧浪,堪网钓"二句为流水对。"沧浪""网钓",对法甚活。惟以"旧"对"堪",稍嫌未工。改"比沧浪,堪网钓"如何?按:"旧"为形容词,"堪"为副词,对仗的确未工。钟先生所改"比沧浪,堪网钓",意即:(韩江)比沧浪之水更能够适合网钓,亦是流水对,改后更佳。

第三节　择取韵脚

诗要押韵,无韵不成诗。不同韵部声情各异,作诗填词宜选韵。如"阳"韵宽宏响亮，宜表达乐观豪迈之情，"微"韵低沉细腻，宜表达感伤缠绵之情。写作时往往选取常用字，但要用得有力量有个性却又不易。清方世举《兰丛诗话》云：

> 押韵未有不取易者，如东韵之"中"，支韵之"时"，灰韵之"来"，庚韵之"情"，皆似易而难，往往如柳絮漂池，风又引去，须当如春人下杵，脚脚著实。宜田尝举杜"江从灌口来"，晚唐人"巴蜀雪消春水来"，以一"来"字见万里险急排荡之势。太白"落日故人情"，老杜"因见古人情"，以实字写虚神，有点睛欲飞之妙。又如义山"却话巴山夜雨时"，东坡"春在先生杖履中"，"时"字、"中"字皆有力。引证甚富，足解人颐。

读者试参这段话，当有所悟。一些老干体诗人"每逢大事必写诗"，写诗喜用"阳"韵，我曾作归纳，大略云：写颂歌则"乐无疆""庆辉煌"，写敌人则"敢猖狂""消灭光"，写各行各业则"日夜忙""奔小康"，写出门玩则"百花香""兴欲狂"，写祝寿则"赏夕阳""寿而康"，写晚辈则"读书郎""会更强"。"阳"韵可选用字较多，常用字亦多，这些老干体诗人便写成了大话套话，面目模糊，学者当慎之。

南朝柳恽有诗句"亭皋木叶下，陇首秋云飞"（《捣衣诗》）。谢朓有诗句"天际识归舟，云中辨江树"（《之宣城出新林浦向板桥》）。前者"木叶"不宜用"树叶"，因为"木叶"有来历，屈原《九歌·湘夫人》有云："洞庭波兮木叶下。"后者"江树"不可用"江木"，因为该诗押去声韵，而"木"为入声，音哑不谐。一般来说，上声、去声可以互押，入声独用。

黄巢《不第后赋菊》诗云："待到秋来九月八，我花开后百花杀。冲天香阵透长安，满城尽带黄金甲。"习俗是九月九日重阳节赏菊，为何诗中不写"九月九"而写"九月八"呢？为了押韵的缘故。"八""杀""甲"都是入声，音近互押。

常见的韵脚毛病有出韵（落韵）、重韵、撞韵、挤韵、复韵、凑韵等，不妥当修改之。

某君《九华山》诗句："老妻卅载愿初偿，千里进香拜地藏。""地藏王"之"藏"应读仄声，不在"阳"韵，与"偿"不叶，是为出韵。吴孟复拟改为"千里来参地藏王"，也就文从字顺了。因"地藏"即"地藏王"，"进香拜"即参。（《勉堂诗话》卷一）

祖保泉先生著有《丹枫词稿》，词作劲爽流利，一如其爽直的个性。其中《西江月·登赭山抒怀》词云："且对新春弄笔，何须头白生哀。日书千字早盈怀，自有深情言外。　十载匆匆别去，今朝默默归来。登山恰喜五云开，一片春阳照射。"该词作于 1970 年春节，针对最后两句，作者自注云："由肥来芜，开始不被'红卫兵'看管，小有自由。"按龙榆生《唐宋词格律》分类，《西江月》为平仄韵通叶格，二、三、六、七句押平声韵，四、八句押同一韵部的仄声韵。祖先生该词韵脚押《词林正韵》第五部，惟"射"字不合，在第十部。我曾向祖先生咨询，祖先生略一沉吟，曰："改'晒'字。"盖祖先生是巢湖人，其方言读"射"正如"晒"字。而先生勇于修改，也令人肃然起敬。

某老先生作《初下夔峡》诗云："记得夔州初过日，波汹涛涌势奔腾。巨堆如马瞿塘下，白帝凭高镇峡门。"其中"腾"与"门"押韵过宽，改第二句为"波汹涛涌势如奔"就可以了，"奔""门"同在"十三元"韵部。

2015年中秋，中央电视台中秋晚会在李白故里四川江油举办。某先生作《南歌子·乙未中秋玩月》词云："嫦娥新浴罢，古镜洽重磨。蟾宫桂树影婆娑，万里清光如酒醉人多。　　月朗明星少，车驰羁旅多。江油唱彻夜思歌，太白仙翁诗唱五洲和。"其中"多"字重韵，当改。"唱和"之"和"去声，"和"字出韵，此犹可议。袁嘉谷《卧雪诗话》卷二云，"古人用字，有其声虽变而仍用本义者"，并举杜甫"几时杯重把，万里月同行"为例，"重"字义从平声，音从去声。按：两句诗出自杜甫《奉济驿重送严公四韵》，"万里"一般版本作"昨夜"。相似的情况，如李商隐"永巷长年怨绮罗，离情终日思风波"（《泪》）之"思"字，字义从平声，音从去声。同理，"太白仙翁诗唱五洲和"之"和"字，字义从去声，音从平声。不过，以音义统一为好。我为之试改如下："玉宇磨新镜，嫦娥出素波。蟾宫桂树影婆娑，不碍清光流泻汇成河。　　月朗明星少，途遥旅客多。荧屏同赏谪仙歌，纵隔千山万水又如何？"以示先生，先生称善。

某君作《五七祭》："杨花飞舞柳枝低，今日小姑做五七。无奈课多难省祭，子规为我频频啼。"其中的韵脚字"低""啼"属于平声"齐韵","七"属于入声"质韵",诗不可平仄韵互押，此系初学者不识入声字的缘故。绝句以押平声韵为正格，押仄声韵为古绝句，如孟浩然的《春晓》、柳宗元的《江雪》、白居易的《村夜》、黄巢的《不第后赋菊》等均押仄声韵，亦无平仄韵混押现象。此诗第二句孤平，第四句三平尾，均不合律，试做综合修改如下，《小姑五七祭》："月馀魂魄欲何栖？点点杨花望眼迷。无奈课多难祭奠，子规今为我频啼。"

某君作《黄山梦笔生花》诗云："亭亭一笔奇，饱蘸风和雨。有志效文豪，生花山梦里。"诗写黄山一景，想象出色，诗句颇好，惜韵脚字"雨""里"未能押韵，试改如下："亭亭一笔奇，饱蘸风和雨。有梦效文豪，生花何栩栩。"

有故意作落韵诗者，此另当别论。后蜀何光远《鉴戒录》载，李如实"恨朝廷久无牵复之命，裁落韵诗以讥之"，如："路旁伤赢牛，赢牛身已老。两眼不能开，四蹄行欲倒。牛曾少壮时，岁岁耕田早。耕却春秋田，驾车长安道。今日领头穿，无人饲水草。喘也不能喘，问也没人问。"又云："炎蒸不可度，执尔生凉风。在物成非器，于人还有功。殷勤九夏内，寂寞三秋中。想事应有语，弃我如秋扇。"两诗末韵皆落韵，为戏笔。

关于重韵，有人举《诗经》多重韵，曹植《弃妇篇》、李白《襄阳歌》、杜甫《饮中八仙歌》皆押重韵为由，不以重韵为病。愚以为，同韵重复毕竟单调，古体诗重韵尚可，近体诗格律森严，理应避免重韵。又，有两种特殊情况值得注意。一，字同义不同，不算重韵。如杨升庵夫人黄峨《寄外》："雁飞曾不到衡阳，锦字何由寄永昌。三春花柳妾薄命，六诏风烟君断肠。曰归曰归愁岁暮，其雨其雨怨朝阳。相怜空有刀环约，何日金鸡下夜郎？"衡阳为地名，朝阳为物名，两个"阳"字不算重韵。朱竹垞《明诗综》欲改"衡阳"为"衡湘"，殆不然矣。二，简化字同，但繁体字不同，本来是两个字，不算重韵。如"巫山云（雲）雨"与"子曰诗云"之"云"字，"后（後）来"与"皇后"之"后"字，"里（裡，裏）面"与"里程"之"里"字，"头发（髪）"与"出发（發）"之"发"字，"干（乾）燥"与"天干"之"干"字，等等。范仲淹《渔家傲》中的"千嶂里（裏）"与"浊酒一杯家万里"，两个"里"字不重韵。苏轼的《念奴娇·赤壁怀古》中的"雄姿英发（發）"与"早生华发（髪）"，两个"发"字不重韵。

所谓撞韵，就是在不用韵的那句尾字也用了与韵脚同韵母的字。撞韵使各句尾字声韵缺少变化，读起来涩口，避免为佳。拙作七律《暮春游神山公园芙蓉湖》第五句"水面禽飞惊泼剌"原为"水面禽飞惊动荡"，因"荡"字与韵脚字"藏""妆""香""光"撞韵，故改。

清江顺诒《词学集成》卷四"句中不宜用同韵字"一则云：

> 《词麈记梦》云："凡一词用某韵，则句中勿多杂入本韵字，而每句首一字尤宜慎之。如押鱼虞韵，而句中多语虞字，无吾字，则五音紊。"又云："精于律吕者，未尝有书，而其词具存。试奏一曲，其中不言之意，在

善悟者领略之耳。"诒按：既押某韵，而句中不用同韵字，嫌其拗口也。五音四声，其理实一。

句中用了与韵脚同韵的字谓之挤韵。安徽诗人王业记《戊戌孟夏郊行访友》诗云："王侯不羡羡清才，缓辔垂鞭�蹀来。十亩野塘留我钓，一轩凉雨共君杯。诗边怀旧真知味，画里观花最赏梅。情到山中情未了，农耕正有鹁鸪催。""鹁鸪"原为"子规"，按《平水韵》，"规"属"支"韵，"催"属"灰"韵，两韵相近（《词林正韵》则归为同一韵部），为避免挤韵，故换。

某君作《南歌子·荷荡消夏》词云："宿露圆犹滴，初花色更鲜。风吹碧浪远连天。绕鼻馨香留客，水云间。　避闹须心静，追凉趁地偏。此生唯积买船钱。好效渔翁荡桨，破湖烟。"词颇清丽流畅。庞坚先生云："此生唯积买船钱"句，甚妙，唯"船"与"钱"同韵，若用买舟钱，似更好。

某君作《碧桃窥窗重吟李白宴桃李园序》诗云："相看不厌一株葩，疑是大唐桃李花。把酒问天还问月，曾经诗国属中华。"其中韵脚字"葩""花"意重，是为复韵。第一句可改为"深红一树映窗纱"或"窗前一抹艳如霞"。

某君作《登四顶山》："平畴轻霜起，丛翠正飞花。山耸青田阔，波翻白练赊。归帆闻楚调，问酒到渔家。此处宜真隐，开杯见落霞。"刘梦芙先生云，诗总体不错，"赊"字押韵欠稳，改"斜"字较好。结句"见"字普通，改"挹"或"揽"字。作者改作："平畴轻霜起，丛翠正飞花。山耸青田阔，波翻白练斜。归帆闻楚调，问酒到渔家。此处宜真隐，开怀挹落霞。"改三处，"杯"改"怀"。

凑韵即硬凑韵脚，亦当避免。清吴骞《拜经楼诗话》卷一引顾炎武《诗律蒙告》云："古诗尤忌凑韵，有一句凑韵，即是懈处，通篇格律都减。"大家名手偶尔亦有此病，如苏轼《赵郎中往莒县逾月而归复以一壶遗之仍用前韵》："东邻主人游不归，悲歌夜夜闻春相。门前人闹马嘶急，一家喜气如春酿。王事何曾怨独贤，室人岂忍交谪谤。大儿踉跄越门限，小儿咿哑语绣帐。定教舞袖挲伊凉，更想夜庖鸣瓮盎。题诗送酒君勿诮，免使退之嘲一饷。"诗中的"交谪"意即竞相责难，意思已足，"交谪"后面加一"谤"字，似嫌凑。陈衍夫人所著《萧闲堂札记》如是说，所说有理。东坡诗题中说"仍用前韵"，乃是用《送碧香酒与赵明叔教授》和《赵既见和复次韵答之》之韵，这两首诗都用了"谤"字，遂不得不用此字，导致凑韵，这也是次韵诗常见的吃力不讨好处。

某君作《高铁至铜仁》："追风掣电恍凌空，身后大山十万雄。破雾穿云如过隙，原来我御是神龙。"（自注：自沪至贵州铜仁，跨越四省，晨起夕达。）此诗妙在结句，比喻出色。但"雄"字凑韵，试改如下："追风掣电恍凌空，破雾穿云转瞬中。数日行程今旦夕，原来我御是神龙。"

不是凑韵，亦当择取最准的韵脚字，使之稳如磐石，不可移动。某君作《南湖月夜舟上夜饮消夏》："湖心夜泊宴兰船，凉似初秋暑气蠲。数曲高山云懒动，一枝檀篆意随旋。欢歌笑语荡风月，吟赋扬波耕水烟。苦短人生少逢聚，唯祈长醉集诸贤。"庞坚先生云：次句窃以为押韵用"捐"字即可，"蠲"字近体不甚相宜；揣其意，捐、蠲都有除去之意，但蠲字较古，与该作浅近语言风格不相称，语言风格的统一性也是诗作者应该注意的。

我曾作《春分》诗云："堤柳翩翩试绿衣，郊原桃李斗芳菲。泥融风暖雕梁静，但候呢喃燕子飞。"安徽诗人吴松建议改"飞"为"归"，韵脚字皆属"五微"韵，但"归"字与"候"字呼应更为紧密，我为之大喜。

第五章　锤字炼句

田遨先生为《退密楼七言律诗钞》作序云：

> ……退老诗"敲圆七字睡方安"，"敲圆"两字下得好，"敲"是立意、选韵、章法、句法之惨淡经营，"圆"是妙句天成、无斧凿痕；是"心有灵机手转丸"；（以下皆退老句）是"新词悱恻尊花外，律句深严揖半山"；是"严同杜老精持律，才似淮阴善用兵"；是"诗到冥搜开境界"；是"句炼诗同遇险攀"，都可做"敲圆"之注脚。

退老指周退密先生。作诗词得推敲，欲使之"圆"也，"圆"即妥帖圆润。而这种推敲落实在一字一句之间，古今诗话词话论及锤字炼句者俯拾即是，涉及面广，兹就其主要方面加以阐释说明。

第一节　准确精炼

诗词是高度精炼的艺术，不可有多余的字；同时，写景状物抒情表意下字要准，要求最好，不可移易。袁枚《随园诗话》卷四云：

> 诗得一字之师，如红炉点雪，乐不可言。余祝尹文端公寿云："休夸与佛同生日，转恐恩荣佛尚差。"公嫌"恩"字与佛不切，应改"光"字。《咏落花》云："无言独自下空山。"邱浩亭云："空山是落叶，非落花也；应改'春'字。"……凡此类，余从谏如流，不待其词之毕也。

诗话所云两例，改后更加准确得当；好的意见应该接受，随园主人这种"从谏如流"的态度颇值得我们学习。

有人作《易州清明寄儿侄》诗云："茫茫地阔无青草，处处清明飞白钱。料得汝曹辞学舍，也随诸父拜坟前。百年照镜蹉跎尽，千里停杯去住牵。何日还家买黄犊，支持病骨老耕田。"此诗"汝曹"二字，原稿作"儿曹"，后改去。"汝曹"相当于"你们"，更符合书信的语气。清蒋鸿翮《寒塘诗话》评曰："盖改此一字方是奇，不则通体只是忆儿曹矣。”

晚清郑珍《正月陪黎雪楼舅游碧霄洞》有云：“元柳目未经，陶谢屐不逮。”元柳当指元结、柳宗元，陶谢则指陶渊明、谢灵运，诗谓以上四人都没有见过这样奇险的山洞。陈衍《石遗室诗话》云：“陶谢”句“陶”字似凑，不如径用“谢公”。大约陶渊明多写田园，少写山水，而谢灵运则以山水诗著称；又，谢灵运登山着木屐，李白诗亦云“谢公屐”。是故，陈石遗所说有理。这两句是对仗句，如果“陶谢”改为“谢公”，则前句的“元柳”可改为“元子”或“柳州”。

民国赵元礼《藏斋诗话》卷上云：

> 前人云：“吟安一个字，撚断数茎须。”此“安”字骤看似易实则难，有杨君《题许秘书琴伯画佛》，起二句云：“吾乡许子善画佛，妙相庄严齐仿佛。”予谓“齐”字不安，于是同人皆拟一字，“如”“同”“皆”“都”等字，细思之均不甚安，予则为之改一“佛”字，颇为人所赞许，以“妙相庄严佛仿佛”字法句法皆甚老矣。

此“佛”字一改，可谓直探本源，非常安稳，余皆不及。按：“仿佛”异体为“彷彿”，“佛像”之“佛”则不能写为“彿”，所以此句中的两个“佛”不是一个字。又，钱梦龟女士有句云：“病多转觉身为累，愁到方知死是佳。”赵元礼先生以为“愁到”之“到”字未安，改“极”字较妥。的确，“愁到方知死是佳”，有了愁便想到死，言重了。“愁极方知死是佳”，方合情理。

易顺鼎写庐山有七言古诗《喷雪亭瀑》，可称伟观。诗中有句："适逢峻壁梯磴险，以手代足相钩爬。"《石遗室诗话》云：余意"以手代足"四字终嫌伤雅，易"代"为"佐"何如？试比较"以手代足相钩爬"与"以手佐足相钩爬"，前者以手代足，显然不真实，后者手足并用，符合实际，改者胜。诗中又有句："力穿深潭九地破，对足或抵欧罗巴。"《石遗室诗话》云："对足"当抵美利坚，非欧罗巴，可否删去此韵？按：从地理上看，美利坚在中华大地的背面，欧罗巴则有些偏斜，但用"坚"字又不押韵，故此句删去为好。想象当以现实为依据，这是一个很好的例子。

陈兼与《读词枝语》第 114 则云：

> 富寿荪有《中山公园感旧》浣溪沙云："闲向名园结伴行，樱花烂漫柳轻盈，东风池馆听流莺。　　芳草碧迷前日路，雕栏红减少年情，一番春梦欠分明。"自亦清婉。"雕栏红减"之"减"字，先拟"换""尽""损"等字，后改"减"字始惬，词固当一字一字做也。

的确，"减"字比其他字更准确，也更鲜明、响亮，值得为此"减"字点赞。

熊东遨先生《野桃》诗云："岂从王侯苑内栽，水边山角也成材。红娇紫媚难全合，露润风苏只半开。自有柔情酬里巷，从无绮梦到蓬莱。妆春未敢邀春赏，寄语群芳莫浪猜。"熊盛元先生评曰："不惟句句切题，且处处见出襟抱，允称合作。惟第六句

'从'稍欠力度，且与首句重字，倘易为'断'，则语气更为坚定矣。"（《晦窗诗话》）按：熊盛元先生所说是。"断无"亦有来历，贺铸有词云"断无蜂蝶慕幽香"。

某君作《秋日偶兴》诗云："已过中秋三四天，夜深独看月高悬。何时世事无悲喜？一样蟾宫有缺圆。厚薄人情多念好，虚浮名利少趋前。今宵只爱清光满，照我双眸柔万千。"其中"清光满"不切中秋后三四天之月，我建议改后两句为"今宵不厌清光减，桂影婆娑正悄然"。

某君作《立冬》诗云："蝉已深眠虫已藏，萧疏万木半青黄。欲寻冬日立何处，去觅秋痕到菊旁。最喜温阳照人暖，预知梅萼伴篱香。渐吹叶落枯枝满，寒在风中冷在霜。"第七句"满"字有违常理，我建议改为"瘦"字，作者称善。另，颔联"欲寻""去觅"合掌。初步建议改如下："蝉已深眠虫已藏，萧疏万木半青黄。莫愁冬日来天外，尚有秋容萃菊旁。最喜温阳照人暖，预知梅萼伴篱香。渐吹叶落枝消瘦，寒在风中冷在霜。"中两联句法基本雷同，"萃菊旁"三字未稳，还可再改。

杨启宇先生《法鲁克国王夏宫》诗云："前朝避暑有离宫，人去宫花寂寞红。仿佛白头宫女诉，涛声呜咽怨无穷。"愚以为"诉""怨"互换更好："仿佛白头宫女怨，涛声呜咽诉无穷。"

大凡作诗，体物当细，状物宜准，避免出现常识性错误。我曾作《昙花》诗云："月色溶溶夜气清，花开如雪过三更。今宵且任君相赏，一到天明便绝情。"因不知昙花具体的开放时刻，对"过三更"三字颇不放心，上网查阅，知昙花晚上八九点钟以后开花，可能不必等到三更以后，因改第二句为"花开如雪近三更"，庶几更为准确。关于拙作有一则趣话，有诗友读后云："此写一夜情也。"我报之一笑，真所谓"诗人之用心未必然，而读者之用心何必不然"（谭献语）。

某君作《咏榴花》诗云："裁剪红绡挂满枝，正当桃李别离时。独怜四月榴花树，不向春风怨未知。"诗颇好。榴花开在初夏，此时桃李早已凋谢，言桃李正当别离似未妥。虽然白居易诗云"人间四月芳菲尽，山寺桃花始盛开"，那毕竟是深山古寺迟开的桃花。余为之改第二句云"正当桃李别多时"，作者首肯。

熊东遨先生《求不是斋诗话》有云，为诗有想当然者，其病去体物不细尤甚。体物不细，或可得其皮毛；想当然则形迹俱杳矣。熊有答友人一联，初稿作"林容鸥鹭相来往，海任鱼龙自起沉"，鲁扬先生指云："鸥，水鸟也，栖江海之岸，不入林。"熊惊觉，旋改"鹤"字，其病始脱。陈小从女士《〈同照阁诗钞〉编后记》载：陈小从曾得"细雨檐声清客梦，虚窗灯影静鹤眠"一联，其父陈隆恪指出"鹤"字系虚假语，盖现代人已无养鹤者，乃易以"蚕"字。熊先生一联用"鹤"字便佳，陈女士一联用"鹤"字便虚，可参其中真假虚实消息。

陈衍女弟子魏新绿《癸酉重阳恕斋招饮鸡鸣寺分韵得临字》诗云："胜境真宜胜日临，重阳携榼得追寻。嘉宾入座东南美，好鸟啼枝上下音。钵韵唱酬看彩笔，弦歌惭愧代鸣琴。（座中有索歌者，聊唱塞责。）归途未觉秋声杳，几处霜钟答暮砧。"陈衍以为诗笔清爽，惟今日无捣衣砧杵，末三字拟改为"摇暮阴"。按："答暮砧"不真实，当改，而"几处霜钟摇暮阴"亦觉生硬，不如改为"几处霜钟出晚林"或"几处霜钟惊暮禽"。

滕伟明先生《北温泉》诗云："乍去遮羞布，皮囊丑且皱。万方人冷酷，一脉水温存。谁解天公意，难为地母心。汤池新出浴，嗟尔相如裈。"网上有人评曰："诗大好，惟冷酷下字太重。"滕先生向碰壁斋主（卢青山）咨询，后者说："不如易为冷淡。"滕终觉未稳，后易为"冷漠"，始觉心安。冷淡与冷漠同义，而语感便不相同。（《味明诗话》）

四川诗人何革《隔窗看建筑工人雪天劳作》诗云："一墙相隔两重天，我沐春风他冒寒。往日偏怜白雪美，今朝何忍用心看。"表现了诗人的仁人之心，语言朴素动人。《岷峨诗稿》编辑只改了一个字，即将首句的"墙"改成"窗"，因为"一墙相隔"是看不见的，"一窗相隔"就看见了。

某先生作《卜算子·咏梅》词云："劲挺瘦枝横，流韵烟霞妩。六出纷飞正护持，不让东君主。　　松竹共相招，三友成真趣。唤醒嫣红姹紫春，身退无寻处。"该词咏梅，不独写梅花，"身退"当指梅树，但春天到了，梅树并没有消失。尾句改为"花谢无寻处"，意思乃合。

我曾作《芜湖观长江》绝句云："雪水下昆仑，滔滔东入海。中江折北流，大势终不改。"按：古代江西九江以下，江苏镇江以上的一段长江称中江，芜湖段长江正属中江，有中江塔屹立青弋江与长江交汇处。诗成多年后，发现长江的源头不在昆仑山，而在唐古拉山，于是改首句为"雪水下高原"，如此方妥。

重字现象在诗词创作中也容易出现，除了有意为之，即积极修辞上的需要，如反复、对比、顶真、叠音等等，一般应尽量避免字面重复。因为重复字多意寡，造成浪费。

近代福建诗人龚乾义《夜归双骖园》诗云："草荒径仄夜三更，携影笼东道废城。境寂多闻如有遇，心悬远火却关情。了知鬼亦不到处，稍喜园犹向日名。踽踽未须增感慨，生人昊壤本孤征。"此诗写出夜行荒僻景象。《石遗室诗话》云："心悬"本作"心孤"，以与"孤征"复，为改作"悬"，然不如"孤"字矣。作者和陈衍也没有考虑更好的修改办法。愚以为，仍作"心孤"，结句似可易为"生人昊壤惯宵征"，"宵"照应首句的"夜"字，而字面不犯复。

某君作《北望》诗云："碧空惊雁去，消息断南天。只有云来往，何曾有锦笺。"重"有"字，愚意以为第三句可改作"只见云来往"。

民国年间，有人作《杂感》二首，其二云："未必蓬山路便通，残山剩水寄萍踪。人间何处无知己，白骨青山一例同。"首句本郁达夫"梦隔蓬山路已通"。"白骨"一词，郁达夫以为不吉，易为"到处"，改得好。但此诗三用"山"字，究竟不妥，郁达夫改后又重一"处"字。愚以为诗可改如下："未必蓬莱路便通，江湖剩水寄萍踪。人间何虑无知己，到处青山一例同。"

某君作《焦裕禄墓前有所思》诗云："半世浓阴染碧穹，乡邻逢客说焦桐。治沙昔已除三害，治病今须反四风。会所不辞千盏满，田家肯问一箪空？民生泪乃覆舟水，莫待滔滔方奉公。"此诗咏史能联系现实，有感而发，对比鲜明，深刻有力。惟三四句重一"治"字，或许作者有意如此吧？如改，可用"祛病今须反四风"。

某君作《南歌子·山间消夏》词云："濯足亭前水，邀风雨后山。湿云满袖倚松间。远近荒烟寂寞，又生寒。　　远寺钟声起，疏林众鸟喧。野花满径杖藜还。又向青山借得，一时闲。"庞坚先生云："野花满径"与上文"湿云满袖"呼应，唯重"满"字，欠妥。一结以借闲于山为言，颇显自得，然"又"字亦嫌重。余按："远"字亦重。此是小问题，能避开重字更好。"湿云满袖"可否改为"湿云侵袖"？"又生寒"可否改为"渐生寒"？"远寺"可否改为"古寺"？

我曾作《绝句》云："节近春分杂草生，李花片片逐风轻。无言我自生欢喜，况听枝头百舌鸣。"重"生"字，因改如下："节近春分杂草生，李花片片逐风轻。丝簧婉转差堪拟，又听枝头百舌鸣。"避开重字，语气更顺。

凡事不可绝对，在不以字害意的情况下，偶尔重字似亦不妨。王维《出塞》诗云："居延城外猎天骄，白草连天野火烧。暮云空碛时驱马，秋日平原好射雕。护羌校尉朝乘障，破虏将军夜渡辽。玉靶角弓珠勒马，汉家将赐霍嫖姚。"此边塞诗两个"马"字不好避开，不改可也。李白《陪族叔刑部侍郎晔及中书贾舍人至游洞庭五首》其一云："洞庭西望楚江分，水尽南天不见云。日落长沙秋色远，不知何处吊湘君。"一气流转，两个"不"字也不可更改。

又，字同义不同，则可以通融。我曾仿元稹《莺莺诗》作《燕燕诗》，云："罗裳轻束细腰身，粉色桃花上颊唇。树上黄莺声婉转，山中白鹿态天真。芳心露处羞难掩，戏语深时笑亦嗔。无那良宵春梦短，偶惊风雨便成尘。"第一个"上"为动词，出现的意思，第二个"上"为名词，表方位。一时没有想到更好的替换词，不复改也。

字面不同而意思相同亦当尽量避免。近代诗人罗惇曧《自邢台至邺道中书所见》云："千树万树梨花云，十里五里黄茅村。榆钱柳絮不知数，一路野花红向人。望中平芜极天碧，紫燕黄蜂逐南陌。妇子嬉嬉急早耕，太行已换青葱色。如此春光客未归，怀古中原叹何益？"此诗"平芜"（草木丛生的平旷原野）本作"蘼芜"（一种香草）。陈衍云：前四句已说各种花草景色，此句又说一种香草，显得重复，易作"平芜"，则与前四句有近景远景之不同，与"太行"句接成一片，而以"如此春光"总束之，则无可疵议矣。（《石遗室诗话》卷九）

第三届"海岳杯"诗词大赛，诗部第一名宋彬《望星空而思及屈子之天问梵谷之星月夜乃有此作，时有流星飞过》诗云："仰瞻邃幕极幽深，元象难参力不任。九泽龙蛇悲耿耿，一宵星斗气沉沉。只今未解湘累问，自昔谁知梵谷心。剩有奔精甘独殁，与期爝火破萧森。"按：元象，即玄象，指天上的星象；奔精，指流星，为避星字重复，故用之。张文胜先生评曰："融古开新，自成高格。诗境亦苍浑悲壮，有工部阁夜气象。梵谷，梵高之别译也。梵高之星空图，乃其名作，亦表现主义之杰作也。结句直抉此画神理，一发破的，令人击节。元象句节奏略觉疲沓，其弊在难与不任意近也。若更难为将，似少佳。又湘累句略泛，似于题无足轻重者。夫何三闾之遇，一为怀王之逐臣，再为梵高之陪宾也。"张先生品评得失，颇中肯綮，指出诗中"元象难参力不任"一句，"难"与"不任"意思相近，节奏疲沓，建议改为"元象将参力不任"，便好多了。

杨启宇先生《亚历山大城堡》其二云："终古涛声吼若雷，鲸波鼍浪打城来。凌风我欲骑蛟去，好共鱼龙舞一回。"刘梦芙先生云："波与浪觉意复。作鲸波浩浩如何？"

为避免歧义有时也须改字。某君作《冬夜寄远》诗云："风紧寒侵夜，相思落远城。敢期南国月，能解故人情。过眼书空味，牵肠泪欲生。昨宵春梦好，双燕逐云轻。"李静凤女士评曰："思致灵动发越，能作腾挪变化，结句旖旎，令全篇生姿。第五句'味'字颇不得力，故易将'书空味'三字误读为'书空咄咄之味'，而非'观其书信已空有回味'。试代易一'在'字，或更明白？"按：根据对句的"生"字可知"味"字作动词，但稍觉费力，不如"过眼书空在"，清楚明白，没有歧义。

在修改诗词使其准确方面，还须辨析同义词、近义词，做到取舍允当。吴孟复先生《勉堂诗话》卷一言之甚详，现照搬如下：

　　首先是"互训"字。在《说文》中"互训"之字共三百八十个。我在《训诂通论》中曾说到，其中有些恰是一平一仄，如"珍"与"宝"、"邦"与"国"、"甘"与"美"、"捐"与"弃"、"惭"与"愧"、"更"与"改"……还有"年"与"载"（如"千年"即"千载"），"边"与"际"（"天边"即"天际"），"旁"与"畔"（"江旁"即"江畔"）等等可以互相代替，给作者以充分选择之余，使韵律不至束缚人的思想。还有一种是"浑言则同"、"析言则异"之字。段玉裁在《说文注》中举例说"往曰望，来曰见"，意谓"望""见"二字浑言则同，但析言之则异。"望"是有意识去望，"见"是无意中看到。陶渊明"悠然见南山"，《文选》中作"望南山"，究竟是哪一个字对呢？苏东坡说："此诗景与意会，故可喜也。无识者以'见'为'望'……即本自采菊，无意望山，适举首而见之，悠然忘情，趣闲而累远。"（《鸡肋集》）而李白《静夜思》"举头望明月，低头思故乡"，有的本子"望"作"见"，哪一个对呢？李白"床前明月光"虽是无意见到，但由床前之光，而举头去"望"，则是有意识之动作，故当作"望"。又如左思《咏史》"振衣千仞冈"，千载名句，后来近体诗中亦常用"振衣"一词。如姚鼐即有"振衣直上江天阁，怀古仍登海岳楼"（按：吴先生记忆有误，此是王士禛《登金山二首》中的诗句），"振衣"即"提衣"。但同指"提衣"的还有"抠衣"。如王安石《奉答永叔见赠》：

"抠衣最出诸生后，倒屣常惊广坐中。"这里"抠衣"表示敬意。其与"提衣"虽同，而神态各异，两者绝不可混用。又如李白宣城的"两水夹明镜，双桥落彩虹"，是万口流传的名句，不待细说。但是我们想到朱熹《观书有感》"半亩方塘一鉴开"，"鉴"也是"镜"。如果李白说"两水夹明鉴"，那就雅得那么俗，不能成为清新的佳句了。朱熹呢，他用在观书之时，用词不妨典雅一些，特别是他的诗就是即物言理，寓有取鉴于水之意。可见诗人遣词既贴切于客观物象，又要适于主观心意。其匠心之妙，就在于善于辨析词义异同。就同义、近义之词中，选用其最恰当者，以达尽意之作用，做到"一字千金"。

吟诗填词，要求作者词汇量丰富，多识于鸟兽草木之名，腹笥充实以备驱遣。知识、学问的积累显得非常重要，一者来自经验，一者来自书本，这些诗外功夫须用在平时，不可能一蹴而就。

第二节　生动具体

胡适曾说"诗须要用具体的做法，不可用抽象的说法"，即便说理也应该建立在形象的基础之上，发议论须偕情韵以行。如果遣词造句过于空疏抽象则宜加修改，使其生动形象，活色生香。

宋佚名《漫叟诗话·杜诗涂改之迹》记载杜甫改诗："'桃花细逐杨花落，黄鸟时兼白鸟飞。'李商老云：尝见徐师川说一士大夫家有老杜墨迹，其初云'桃花欲共杨花语'，自以淡墨改三字。乃知古人字不厌改也，不然，何以有日锻月炼之语？"此记载未必可靠，但"桃花欲共杨花语"之拟人实在稚拙，想象不佳，不如"桃花细逐杨花落"，绘景如在目前。

元稹《行宫》诗："寥落古行宫，宫花寂寞红。白头宫女在，闲坐说玄宗。"是千古流传的名篇。短短二十个字之间，三用"宫"字，读来不觉重复，原因何在？愚意以为"行宫""宫花""宫女"皆偏正词组，侧重点各不相同，故不觉重复。假如写成"寥落古行宫，行宫花落红。白头行宫女，闲坐说玄宗"，便不成诗矣。但"宫花"二字不够具体，尚可商榷，"梅花"？"茶花"？"桃花"？"鹃花"？"榴花"？抑或用"宫灯"？具体情形已不得而知矣。

宋人王镐《送潘文叔》诗有云："催租例扰潘邠老，付麦谁怜石曼卿。"清贺裳认为，语意俱佳，惟"例"字显得僵硬，质直。黄白山评曰："易以'颇'字，稍虚活。"（《载酒园诗话》）

元盛如梓《庶斋老学丛谈》云：

张橘轩与元遗山为斯文骨肉，张云："富贵傥来良有命，才名如此岂长贫。"元改"傥来"为"逼人"，"此"

为"子"。又云："半蒿溪水夜来雨，一树早梅何处春。"元云："佳则佳矣，而有未安，既曰：'一树'，乌得为'何处'？不如通作一句，改'一树'为'几点'。"《壬辰北渡寄遗山》诗："万里相逢真是梦，百年垂老更何乡。"元改"里"为"死"，"垂"为"归"，如光弼临军，旗帜不易，一号令之，而百倍精彩。

按：元遗山不愧诗词大家，改张橘轩诗使其"百倍精彩"。一三例，原作已自不凡，改后更准确、到位，力透纸背。第二例，"通作一句"，即将两句的意思连接起来理解：夜来有雨，溪水渐涨，漂来几点梅花，不知何处春已先到。改作变成流水对，诗意贯通，不再龃龉。

毛泽东诗词非常注意形象的塑造、画面的描绘，从其修改的过程可以清楚地看出来。《忆秦娥·娄山关》中"长空雁叫霜晨月"一句是从"梧桐树下黄花节"修改而来。《七律·到韶山》最后一句"遍地英雄下夕烟"，先曾有"遍地人民百万年"、"人物峥嵘胜昔年"两种作法。《七律·登庐山》最后两句"陶令不知何处去，桃花源里可耕田？"原为"陶潜不受元嘉禄，只为当年不向前。"《满江红·和郭沫若同志》中的"四海翻腾云水怒，五洲震荡风雷激"，曾写成"革命精神翻四海，工农踊跃抽长戟"和"革命精神翻四海，工农踊跃挥长戟"。《水调歌头·重上井冈山》中"到处莺歌燕舞，更有潺潺流水"两句，原来是"到处男红女绿，更有飞流激电"。以上五例，修改之后的句子，更加生动形象，更富美感。

又，毛泽东《西江月·秋收起义》中"匡庐一带不停留，要向潇湘直进"两句，"匡庐"原作"修铜"，指江西省的修水、铜鼓，"潇湘"原作"平浏"，指湖南省的平江、浏阳，都是县的名称，过于写实。修改之后，用名山秀水来代表地名，更富有诗情画意。（引自汪建新《感悟毛泽东修改诗词的艺术和境界》）

某君作《坐缆车》诗云："世事纷纭万古迷，此中谁可辨端倪。方才多少并肩客，转眼即分高与低。"又修改为："顿觉身空无所依，风光万壑到云梯。方才多少并肩客，转眼便分高与低。"问我哪一首更好。我说："前作首两句看不出坐缆车，改后乃切题。"作者复改如下："顿觉身空无所依，悠悠晃晃上云梯。方才多少并肩客，转眼便分高与低。"并说："这样似乎更畅一点。"我说："是顺畅，诗味弱了些。"建议改为："顿觉空茫无所依，观光身与白云齐。方才多少并肩客，转眼便分高与低。"作者称善。反复修改的是前两句，变抽象议论为具体描写，为后两句张本，使后两句的议论有根柢，更自然。

某先生作《秋日登阅江楼》诗，有一联曰"远近钟声惊雪浪，高低江树辨楼船"，"辨"字，初为"拂"，自问"船行江心，树何以拂之？"于是改为"识"，细而思之，不若"辨"。一则谢朓有"天际识归舟，云中辨江树"，二则"辨楼船"扩大了诗句表现长江人文历史的长度。"辨"字使诗句生色。

熊盛元先生《晦窗诗话》第一则云：

　　己巳春节，风雨弥天。余作七绝一首云："爆竹声中笑语哗，连天风雨任交加。长街十里飘花伞，信是芳春第一葩。"王季思先生以为颇有情趣，惟觉"葩"字生涩，建议后两句改为"长街十里飘绸伞，信是芳春第一花"。虽仅易二字，而全诗顿为生色。老辈手眼之高，于焉可见。

"葩""花"意思重复，且"葩"字作韵脚不如"花"字富于生活气息，王季思先生这样一改，变生涩为生色，颇具手眼。

熊东遨先生《求不是斋诗话》第十九则云：

> 诗中有馀字，病也，人能识之；诗中有懒字，亦病也，人不易觉。盖馀字似老翁扶杖，可见形体衰颓，懒字如少妇倚阑，但觉精神倦怠耳。余有《秋蝉》一联，初作"霜枫飘处红迷眼，夜露凝时冷涩喉"，"处""时"二字尚不为馀，然未着全力，难免懒惰之嫌。后以"蝶""珠"二字易之，变赋为比。懒字一去，便成诗眼。前辈诗家刘家传廉秋先生深以为然，特赐诗嘉许云："春秋正富好推敲，实义根情气自豪。屈指吟坛多后秀，逢人我独说东遨。"

熊先生所说的"懒字"大可值得注意。许多不召自来的空话、套话都是懒字，虽然合律，却没精打采，殊乏个性，作者自当警惕。鲁迅的诗神气，朱自清的诗不神气，为什么？鲁迅的诗富于创造性，有个性；朱自清的诗多模拟，缺少个性。创造性的诗生机勃勃，模拟的诗精神全无。

某生作《流光》："芳华满树红妆配，锦色光阴转瞬秋。袅袅幽香吹不散，茫茫岁月自难留。"首句"芳华"空疏，"配"字略嫌生硬，不漂亮；次句"光阴"与末句"岁月"意思重复。余为之改如下："桃花人面红相映，锦色韶华转瞬秋。袅袅幽香吹不散，茫茫岁月自难留。"改后首句更为形象生动，次句"韶华"有青春岁月之意，比"光阴"更贴切。

四川诗人丁稚鸿《同学会作》诗云："渭北江东总忆君，时光已抹旧时痕。同窗相会无高下，都是呼名叫字人。"按：首句取杜甫"渭北春天树，江东日暮云"（《春日忆李白》）诗意，以空间的阻隔表思念之情。此诗写出同学相聚的特点，不论富贵贫贱，职务高低，都直呼其名，平等亲切。我将此诗贴到我大学同学群，严少华兄建议改"已"为"难"。按："已抹"，"难抹"，正说反说都可以。相较而言，"难抹"为佳。即云虽有变化，犹能辨认往日痕迹，与"称名忆旧容"（李益诗句）相仿佛，"难"字更见情意。

某君作《野菜》诗云："曾历辛酸未敢忘，几回凭汝敌饥荒。而今陆海虽无数，何物能如此物香？"第三句"陆海"二字殊觉肤廓，我建议改全诗如下："曾历荒年未敢忘，几回凭汝慰饥肠。山珍海味今无数，何物能如此物香？"

芜湖章绍斌作《飞西伯利亚书所见》初稿云："星奔寥廓外，河走大荒中。云路犹千里，冰峰忽万重。"后改云："星奔寥廓外，河走大荒中。云路横千里，冰峰越万重。"改动二字，有力如虎。

我曾作仄韵七律《中共中央反腐》："中枢铁腕坚除恶，马上贪官纷跌落。正气清风劲鼓吹，金钱美色曾挥霍。社多狐鼠早鸣钟，病入膏肓当下药。也作歌功颂德诗，神州喜见今非昨。"其中的"贪官"初稿作"高官"，因不具体而有打倒一片之嫌，故改。又作《梧桐花谷观牡丹》诗云："缤纷绚烂值春时，四面青山远映之。我赏牡丹真国色，不因乡野减丰姿。"后觉"缤纷绚烂"太陈腐空洞，改为"姚黄魏紫"，用典虽旧熟，毕竟有具体色彩，稍安。又作《危房》诗云："危房待拆久蒙尘，粉刷三番别样新。更补阳台花与草，知开大会要来人。"初稿写好，又将第二句改为"粉刷临街一面新"，准确到位，更具有讽刺性。又作《菩萨蛮·某乞丐》词云："人生在世真如寄，沿街乞食沿街睡。荏苒度春秋，不忧明日忧。　　朝朝寻破布，垃圾为财富。重担压双肩，可怜行路难。"觉第一句空泛，后改为"飘零辗转身如寄"，更切合乞丐身份。

第三节　和谐通畅

诗词既要合律，还要通顺流畅，无斧凿痕迹。譬如玉石，琢磨以后，润泽生辉。所谓好诗圆美，流转如弹丸，读来顺口，听来悦耳，品来有滋味。

有词语搭配不当，改之使其文从字顺。

清张道《苏亭诗话》卷一云："东坡诗纯以气运，振笔迅书，未尝于字句求工，古人所云：'万斛源泉，不择地出'者。然未尝不改定。"才大如东坡者诗亦修改。例如东坡有诗《欧阳叔弼见访诵陶渊明事叹其绝识既去感慨不已而赋此诗》："渊明求县令，本缘食不足。束带向督邮，小屈未为辱。翻然赋归去，岂不念穷独。重以五斗米，折腰营口腹。云何元相国，万钟不满欲。胡椒铢两多，安用八百斛。以此杀其身，何啻鹊抵玉。往者不可悔，吾其反自烛。"该诗论陶渊明不为五斗米折腰事，认为生存是第一位的，"小屈未为辱"，毕竟不像唐朝宰相元载贪得无厌，招致杀身之祸。张道引何薳《春渚纪闻》论证云："薳尝得东坡先生诗稿，其《和叔弼》诗云：'渊明为小邑'，继圈去'为'字，改作'求'字，又连涂'小邑'二字作'县令'字，凡二改乃成今句（原句率，改句"求"字与下"本缘"字应）。至'胡椒铢两多，安用八百斛'，初云'胡椒亦安用，乃贮八百斛'（按：原句说成无用，是语病。改句以"铢两"与"八百斛"一较，便觉沉挚）。若如初语，未免后人訾议。"

近代诗人陈曾寿《同李道人野步看月》句"夜色钟柴门，二人自成世"，陈衍觉得"钟"字稍显吃力。作者改为"夜色柴门偏"，似较前为自然。陈衍以为读来仍拗口，"夜色""柴门"皆熟字，"钟"生字，"偏"字单用亦生，音亦不顺，不如用"夜色满柴门"或"夜色落柴门"，改后为律句，读来自然谐畅，陶渊明"种豆南山下""采菊东篱下"皆以律句起。（《石遗室诗话》卷二五）

某君作《秋日偶兴》诗云："诗人忧思只倾毫，纸上才高未必高。治国还须大才略，遣怀不过小牢骚。篇章都是闲时得，本领常从难处熬。也羡曾公称半圣，功夫岂止语滔滔。"作者自云：
"写诗就是打发时间的闲事，抒情遣怀，发点感慨，并无大用。
记得洪迈大抵说过，文学只可以润身，政事乃可及物。"——此
论可备一说。该诗全发议论，起承转合，章法严整，颇不易得。
惟"倾毫"搭配不当，建议用"挥毫"，可以无憾矣。

某君作《香山碧云寺》诗云："几声雁唳抖寒空，缕缕白云凝
古松。石径崎岖寻颓寺，满山枫叶为谁红？"其中的"抖"字、
"颓"字未稳，改为"几声雁唳破寒空""石径崎岖寻古寺"，则
较为稳妥。

某生作《春野》诗云："大地风情百样裁，田间苗麦菜花开。
龙袍巧得天工绣，万物春生时节来。"第二句有语病，菜花可以
说开，苗麦不可以说开。试改如下："大地风情百样裁，麦苗铺展
菜花开。龙袍巧得天工绣，碧绿金黄逼眼来。"麦苗曰铺展、曰
碧绿，菜花曰开、曰金黄，第四句照应第二句。

有语感不谐，改之使其和谐畅达。

清曹振镛《咏梧门司成诗龛即用苏斋题西涯图韵》四首其四
云："渔洋去后孰独盟，心折藏斋五字城。曾见词坛亲弟子（黄
昆圃詹事为渔洋弟子，苏斋犹及闻绪论），况来诗境半门生。古
今体看纵横出，多少人经冶铸成。好溯渊源寻正脉，石帆亭畔水
澄清。"诗写王士禛（号渔洋山人）、黄叔琳（字昆圃）、翁方纲
（号苏斋）、曹振镛之师承关系，意在赞美乃师翁方纲。结句本为
"石帆亭畔水逾清"，翁方纲改"逾清"为"澄清"，更顺畅，亦
有自谦之意。（王逸塘《今传是楼诗话》第 517 则）

民国年间，安徽少年关得辛、关德尚兄弟皆能诗，其中关德

尚年十二，作诗意境深远，《咏霜叶》云："叶红知树老，才觉饱经霜。但见林疏处，飘摇黯夕阳。"《清明》云："二月清明节，行人欲醉天。北邙山下路，青冢记何年？"蕴藉浑成，俨然作家。惟《咏霜叶》第二句"才觉"与起句之"知"字抵触，杨香池拟易以"园野"二字，句意较为显明，言辞更加畅达。（杨香池《偷闲庐诗话》第一集）

北京诗人武立胜作《过天桥看游客挂连心锁》诗云："桥上新痕覆旧痕，长栏满目挂忠贞。当年多少连心客，已是如今陌路人。"诗揭示某些人生真相，颇具讽刺意味，结句语气不够顺畅，我改为"已作今朝陌路人"，刊于芜湖诗词学会会刊《滴翠诗丛》2016年上半年号。此诗韵脚过宽，还可再改。

2016年重阳芜湖诗人雅集，周正环先生作《丙申重阳盲校雅集分韵得阳字》："云淡风轻碧水长，江城师友聚重阳。茱萸莫解忧时苦，白菊难调醒世方。但以真情存楮墨，好将俊骨阅沧桑。桂园岂止联佳句，手植灵苗土亦香。"我参与雅集，觉"岂止"二字有些骨骼槎牙，建议将后两句易为"兴来联句栽新桂，诗与园花一例香"。又，"俊骨"可改为"峻骨"。周先生最终定稿为："云淡风轻碧水长，江城师友聚重阳。茱萸莫解忧时悃，白菊难调醒世方。但有真情归楮墨，好将峻骨阅沧桑。秋园联句栽金桂，绮韵繁花一例香。"顺畅自然，胜出原作。

某君作《重登光明顶，余少年尝夜宿此》诗云："有石奔翻涌，有松撑屈蟠。有人凌绝顶，来受万峰寒。落日横云际，天风落鬓端。林崖故无恙，相对动悲欢。"前两句原作为"有石潮翻涌，有松虬屈蟠。"刘梦芙先生认为改后首联连用动词，未免堆垛。奔与翻与涌费辞，不如原作。又认为尾联乏力，建议结句改为"相对抱琴弹"或"相对酒杯宽"，较有余味。按：刘先生所言原作首联为优，有理；连用三个动词究竟有些拗口。

某君作《洛阳牡丹节遥怀周公旦》四首，其一云："姚黄魏紫洛阳红，万众围夸富贵丛。独向王城残迹觅，僻无人处忆周公。"第三句语气不够畅达，似可改为"独向王城觅残迹"。此种拗句亦多见，如"正是江南好风景""欲把西湖比西子"等。

我曾作《卜算子·晨闻啼鸟》词云："呖呖复喈喈，婉转闻啼鸟。入耳声声脆且清，梦觉天方晓。　　恍若置春山，树碧云缥缈。野径荒台坠落英，只有风来扫。"上阕写鸟声，下阕写鸟声引起的想象。词成，觉"入耳声声"费辞，下阕不够灵动，遂改如下："呖呖复喈喈，婉转闻啼鸟。入牖穿帘脆且清，此际天将晓。　　似听水潺湲，似见云缥缈。似见春山坠落英，只有风来扫。"有一气呵成之感，始觉满意。

我曾作《日记》诗云："云压江城城欲摧，鸣蝉声里起沉雷。折腾一阵无声息，烈日西边又出来。"结句力弱，崔达送先生建议改为"烈日穿云却复来"，颇佳。清张谦宜《絸斋诗谈》云："炼句之法，莫如徐讽勤改，其紧要尤在审势。如通体壮丽，忽著清淡句不得。馀可类推。上文气紧，须用缓句；上文气重，须用劲句。下文向里，则上句放开；下句拖漾，则上句卷收。此皆古人成法，不可离者。但不可推句掩意，爱句伤气耳。若夫句中分派头，此又随人笔性学力，不可豫定者也。"意即炼句须考虑整体的和谐，上下句之间的开阖照应。崔先生改吾诗，正合"上文气重，须用劲句"者也。

蔡锷将军逝世百周年，我曾作五律《蔡锷将军》云："革命称神勇，英名后世钦。讨袁惊帝梦，护国得民心。喉病仍如铁，时艰不慕金。应悲天失道，遽使大星沉。"颈联不顺，刘梦芙先生建议改为"病骨仍如铁，高风不慕金"，让人眼睛一亮。

有情境未合，改之使其浑融完整。

晚唐许浑《记梦》诗云："晓入瑶台露气清，座中唯有许飞琼。尘心未尽俗缘在，十里下山空月明。"宋代计有功《唐诗纪事》云此诗原有小序："余尝梦登山，有宫室凌云。人云：'此昆仑也。'既入，见数人方饮。招之，至暮而罢。"又云："或云，改第二句为'天风吹下步虚声'。"按：如果真有小序，则"座中唯有许飞琼"与"见数人方饮"不合，当改；如果没有小序，则前有许飞琼，后面没有交代，显得突兀，亦当改。但改后四句飘渺恍惚，又觉空疏，当再改也。

北宋王禹偁《春居杂兴二首》，其一云："两株桃杏映篱斜，妆点商山副使家。何事春风容不得，和莺吹折数枝花。"陆游《老学庵笔记》云："语虽极工，然大风折树而莺犹不去，于理未通，当更求之。"放翁存疑，不无道理。或许莺的巢在树上，大风折树也不肯离去。

王业记先生《菩萨蛮·丙申暑期到合肥再诣静心湖》词云："去年好赏庐州月，者番岂耐庐州热。一岁一回来，桐阴移榭台。　　静心湖上梦，杨柳堆烟重。长是困腰肢，问伊知未知？"此是原作。《菩萨蛮》系小令，如果塞进过多内容，容易导致臃肿错杂。该词的"岂耐"与"困腰肢"，似与整体情境不谐，读来略感突兀。大概意识到这个问题，王先生自改如下："去年好赏庐州月，者番又耐庐州热。一岁一回来，藕花如旧开。　　静心湖上梦，杨柳堆烟重。何事系兰舟，水柔风也柔。"去掉了不和谐音符，"藕花如旧开"一句也好，照应"去年"。改作大为生色，不减五代北宋风调。

周啸天先生《流水》绝句云："流水高山自古弹，鼓琴不易听琴难。凤凰奚与麒麟合，旷世无胶续断弦。"一、二句甚佳。三、四句原作"殷勤我亦寄红叶，莫作寻常胜友看"，出语平实，与一、二句分量不称，关系松散。改作"为君一掬浔阳泪，敢惜珠玑掷玉盘"，分量稍称矣，仍未当意。又改为"凤凰奚与麒麟合，旷世无胶续断弦"，始觉与"流水高山"主题紧密相扣，轻重悉称，遂定稿。

某学员作《醉太平》词云："红荷白荷，青茎绿波，无风亦自婆娑，似将歌未歌。　　愁多思多，如何奈何，倩谁传语阿哥，问还怜我么？"曾少立先生评曰：此词上片写景，下片写人，给人感觉略有脱节。"无风亦自婆娑，似将歌未歌。"与下片人物的情感，难以关联和切合。应该以人为中心，上片人物就要出来。故这两句写景当去，代之以写人。其他问题："如何奈何"不给力，空洞抽象，且如何与奈何意近；当取具体物象言之，从场景和故事情节看，不妨用"鱼雁"二物。阿哥，阿字入声误作平声。"青茎"气象小，可改清风，清与绿构成颜色借对。曾先生为之改作如下："红荷白荷。清风绿波。云裳独立江阿。似当年老歌。　　愁多思多。鱼沉雁过。真无一字来么？问天涯阿哥。"修改后，章法上，写景一脉，荷、绿波、江阿、鱼雁，景语之间存在物理上和逻辑上的关联。抒情一脉，独立、老歌、愁思、无一字、问，情语之间存在情感上和逻辑上的关联。两条脉络互相配合，一体两面，浑融完整。

某君作《题高瀑》诗云："界破青山雪一痕，晴雷响䃔震乾坤。孙猴急探灵霄殿，玉帝掀翻洗足盆。"此绝前两句写瀑布具足气势。第三句必欲宕开，展开联想，方可完篇。作者正是如此构思，但三、四句情调与一、二句不侔，故自云"打油"。吾试为改写："界破青山雪一痕，晴雷响䃔震乾坤。欲除污浊风声急，未到人间势已吞。"庶几相配。作者自改后两句为："莫教辜负天河水，流向人间润草根。"优于原作，惜力量不足。

诗境在实境与梦境之间，不必完全拘泥写实。张中行《乡居》诗云："紫陌红楼一梦归，忍寒犹恋旧缁衣。可堪细雨黄昏后，小院无人独掩扉。"作者说，这是某一特殊时期自己被动还乡时所作。情意千真万确，事也基本属实，因为住的虽是祖传旧宅，却只有张中行孤身一人。说基本，是因为"无人"是顺着情意说的，实际是大部分房屋被生产队占着。可是作诗不能不顾及诗境，试想，如果据实，改"无人独"为"多人共"，凄凉的气氛不就所余无几了吗？（《诗词读写丛话》）

第四节　新颖脱俗

清赵翼云："诗文随世运，无日不趋新。"诗词写作应力求创新，或命意新，或取材新，或手法新，或措辞新，无所不可。这里所说的是锤字炼句，偏重于手法和措辞两方面。

唐杜荀鹤《雪》诗云："风搅长空寒骨生，光于晓色报窗明。江湖不见飞禽影，岩谷时闻折竹声。巢穴几多相似处，路岐兼得一般平。拥袍公子休言冷，中有樵夫跣足行。"其中的"飞禽影""折竹声"为正常语序，宋王安石认为："宜作'禽飞影''竹折声'。"这样改动语序，比较拗折新颖。（宋陈善《扪虱新话》）宋苏轼《单同年求德兴俞氏聚远楼诗三首》其一云："云山烟水苦难亲，野草幽花各自春。赖有高楼能聚远，一时收拾与闲人。"《复斋漫录》云："韩子苍言，作语不可太熟，亦须令生。东坡作《聚远楼》诗，本合用'青山绿水'，对'野草闲花'，以此太熟，故易以'云山烟水'。此深知诗病者。"一些熟语套话不招自来，诗家尤须警惕，苏轼改"青山绿水"为"云山烟水"便较为生新，于此也可见宋诗特色。

清初张养重有诗句云："南楼楚雨三更远，春水吴江一夜增。"王士禛极称之，更易"增"为"生"，何等鲜活自然！

吴孟复八岁时作《荷塘晚步》："夕阳将下晚凉初，我辈随师出草庐。最爱方塘浓绿里，风开荷叶见游鱼。"此诗第四句原为"风吹"，其师改为"风开"，"开"字新颖。

安徽岳西县水畈村是我的家乡，曾被评为全国十大最美乡村之一，我曾作诗云："水号天仙下远峰，青山环护白云封。茶园曲听空中鸟，院落香堆岭上松。红瓦银墙新日月，务工求学拓心胸。乡村比美原无谓，莫遣商人也动容。"刘梦芙先生说后三句太质实，务工、求学、乡村、商人，这些词语实话实说，最好用比喻、借代，七律的修辞很重要。这些话使我深受启发，自觉原作亦俗，因改如下："水号天仙下远峰，青山环护白云封。茶园曲听空中鸟，院落香堆岭上松。逐梦途程曾辗转，扶犁岁月只从容。新楼都在清风里，莫遣尘嚣有影踪。"算是差强人意了。

某君作《乡村即兴》诗云："春风一路到农家，时雨好墒忙种瓜。父老初圆小康梦，村前桃杏正开花。"熊东遨先生云："父老初圆小康梦"太直白，转个弯儿让"村前桃杏""乐在小康甜梦里"，父老们的得意也就自在其中了。因改为："春风一路到农家，好雨知时助种瓜。乐在小康甜梦里，村前桃杏正开花。"以拟人手法出之，灵动含蓄。清张谦宜《絸斋诗谈》云："诗要脱俗，须于学问之外，仍留天趣为佳。如美桃熟至八分，微带青脆甘酸，此为上品。若至十月中旬，肉如烂酱，一味甜俗，不足当知味者品题矣。"熊先生所改后两句乃有天趣。

某君作《榕树》诗云："雨来张大伞，风起舞婆娑。荫地堪称阔，只缘裙带多。"此诗意在讽刺保护伞和裙带关系，批评不正之风，但新意不多。熊东遨先生改云："雨来张大伞，风起奏高歌。但荫一方绿，不嫌裙带多。"古贤有"内举不避亲"的佳话，同一材料，却翻出新意。跳出常规，逆向思维，往往能出奇制胜。

某君作《路边枇杷》诗云："黄熟枇杷颇有姿，路人攀摘慰馋饥。年年四月饶滋味，竟是枝残叶乱时。"我觉得"馋饥"二字太实太俗，建议第二句改为"路人攀摘慰相思"，新颖别致。

关于新词入诗入词，第二届"湘天华杯"全球诗词大赛词部金奖得主邵林先生答组委会问，有一段话讲得好，录如下：

"意新"并不意味着要把电视、飞机、手机等新事物新名词不加取舍地入词。入诗相对还要好些，入词则很容易坏味。我认为，基本词体"意内言外"之特质，其言在表，其意在里，其时代性在"内意"而非"外言"，而"外言"一旦用了从无来历之新事物名词，"内意"便很难寄托到位，所谓时代性也只是皮相。另外，对于一些新事物名词，放在词题中便是，完全无损于其时代性；而一旦入词，就必须有所取舍，如"微信""神舟"等本就出语雅训，甚至还能实现历史与时代的对接从而增加词的厚度，对此类名词直接入词即可；有些事物则不然，这就需要作者去熔锻，去创造，如电视可以代以"荧屏"，飞机可以代以"银槎"，网聊可以代以"屏语"，等等。

俗字并非全不可用，用之在人。谢榛云："诗忌粗俗字，然用之在人，饰以颜色，不失为佳句。譬诸富家厨中，或得野蔬，以五味调和，而味自别，大异贫家矣。"（《四溟诗话》）唐宋诸大家用字造句，无所不宜，盖其才力使然。比如老杜"美人娟娟隔秋水，身欲奋飞病在床"，其中"病在床"三字，用之于此，不见其俗，而适形其美。苏东坡"但循牛矢觅归路，家在牛栏西复西"，其中"牛矢"二字一般人断不敢用，必为"牛迹""牛粪"之类。东坡用之，因在醉中寻路，直认"牛矢"，必欲雅化，反而作态。因此，不用"牛矢"不足以见此诗之妙。

黄庭坚作诗务求生新，力避俗熟。洪迈《容斋随笔》载："黄鲁直诗：'归燕略无三月事，高蝉正用一枝鸣。''用'字初曰

'抱'，又改曰'占'，曰'在'，曰'带'，曰'要'，至'用'字始定。"按："用"字生新。但一般刻本乃作"残蝉犹占一枝鸣"，大约取其熟悉响亮的缘故吧。诗的下句"天高秋树叶公邑"有"高"字，为避重，"高蝉"固当改"残蝉"。

又，吟诗作词不可但学句法，止于字句和声律，须以一气浑成为上。一篇做成，试整体通读数遍，须文从字顺，一气流转方可。为参加"海岳杯"第三届传统诗词大赛之词部正赛，我曾作《少年游慢·登庐山遇大雾》，初稿云："匡庐云雾发。体态时时变灭。深壑涛奔，危崖波涌，沧溟阔。曾惑东坡目，未蚀渊明骨。鸾翼凭添，俊游合入仙窟。　　往事从头说。佳会夸临神阙。大愧烟霞，殊惭林石，批忠烈。难识峰千座，易辨泉三叠。放眼江湖，迎来雾消云歇。"自觉研句琢字，直白语、生硬语不少，数易其稿，最终定稿云："匡庐云雾发。百态千姿变灭。深壑涛惊，危峰波涌，沧溟阔。花径迷林鸟，瀑布藏天阙。鸾翼凭添，俊游合入仙窟。　　往事何堪说。矜览瑶台风月。咏愧桃源，居惭山墅，批忠烈。愁雨崖边树，破梦人间骨。吐日含鄱，迎来雾消云歇。"改易多处，虽不甚满意，究比初稿雅驯。

第六章　改出境界

王国维《人间词话》云："词以境界为最上。有境界则自成高格，自有名句。五代、北宋之词所以独绝者在此。"诗亦然。何谓境界？作为文艺批评术语，特指诗、文、画等的意境。"意象的组合构成意境，境生于象而超乎象。"（袁行霈《中国诗歌艺术研究·自序》）王国维又云："能写真景物、真感情者，谓之有境界。"因此，"境界"说与"意境"说差不多。能营构情景交融、形神兼备的意境即为有境界。初学诗词者，普遍犯有意境平实、浅近、空疏的毛病，可以说无境界。从无境界到有境界是一个脱胎换骨的过程，它涉及作者多方面的素养，有关天分，也与后天的修炼涵养有关。他山之石可以攻玉，看一些诗词修改的例子，或许能悟出一番道理。

第一节　提升境界

据在下初步梳理，改作提升境界大体有以下几种情况。

（一）改平实为空灵

诗词不同于散文的把话说尽，更不同于报告、论文的摆事实讲道理，诗词要形象、重比兴、求余味。因此，作诗填词常常不能实话实说，一览无余。总之，要空灵，避免过于平实，词尤甚。多读姜夔词、王士禛诗，或能悟其清空一气之妙。

南朝徐陵《鸳鸯赋》云："山鸡映水那相得？孤鸾照镜不成双。天下真成长会合，无胜比翼两鸳鸯。"张华《博物志》曰：山鸡有美毛，自爱其色，终日映水，目眩则溺死。刘敬叔《异苑》曰：罽宾国王得一鸾，三年不鸣，夫人悬镜照之，睹影悲鸣，中宵一奋而绝。徐陵赋以山鸡、孤鸾与鸳鸯做对比，赞美鸳鸯双宿双飞，两情长久。黄庭坚在徐陵作品基础上改动数处，成《睡鸭》诗云："山鸡照影空自爱，孤鸾舞镜不作双。天下真成长会合，两凫相倚睡秋江。"语言更精美，结句变直说为画面呈现，意境更为空灵曼妙。

唐诗人郑谷《淮上与友人别》诗云："扬子江头杨柳春，杨花愁杀渡江人。数声风笛离亭晚，君向潇湘我向秦。"谢榛认为：
"凡起句当如爆竹，骤响易彻；结句当如撞钟，清音有余。"郑谷
诗结句"君向潇湘我向秦"如爆竹而无余音。谢榛将此句易为起
句，足成一首，曰："君向潇湘我向秦，杨花愁杀渡江人。数声长
笛离亭外，落日空江不见春。"（《四溟诗话》卷一）这样以景作
结，意境苍茫空灵，余音不尽。如能起郑谷而问之，后者固当首
肯也。

谢榛《四溟诗话》卷四云：

> 孙太初《收菊花贮枕》诗云："呼童收落英，晨起晞
> 清露。满囊剩贮秋，寒香散庭户。夜来梦东篱，枕上得
> 佳句。"好个题目，唐人未之有也。前五句清雅，惜末
> 句殊无深意，若更为"陶潜宛相遇"，则清而纯矣。

原作末句"枕上得佳句"太板实，无余韵。改作"陶潜宛相
遇"便是佳句，思接千载，视通万里，恍然与陶潜相遇，"此中
有真意，欲辩已忘言"（陶渊明《饮酒其五》），令人神远。

清徐兰人奇诗亦奇，《出居庸关》诗云："将军此去必封侯，
士卒何心肯逗留。马后桃花马前雪，出关争得不回头。"已脍炙
人口，然上二句把话说尽，直白平弱。《清诗别裁集》改云："凭
山俯海古边州，旆影风翻见戍楼。"变议论为写景，笔力蕴藉雄
健，乃振起下二句。（清·计发《鱼计轩诗话》）

毛泽东《采桑子·重阳》原稿是："一年一度秋风劲，不似
春光。胜似春光，寥廓江天万里霜。　　人生易老天难老，岁岁

重阳。今又重阳，战地黄花分外香。"作品发表时，毛泽东把上下阕的顺序进行了互换，前后颠倒："人生易老天难老，岁岁重阳。今又重阳，战地黄花分外香。　　一年一度秋风劲，不似春光。胜似春光，寥廓江天万里霜。"经调整之后，作品迅速入题，点出"重阳"；以议论开始，"人生易老天难老"，诗意突兀挺拔，如"高山坠石，不知其来"，出人意表；以开阔的秋景作结（本应为"万里秋"，为了押韵，改为"万里霜"，"霜"即秋的代名词），乐观振奋，更添韵味。顺序一经调整，词作更上层楼。（汪建新讲座《感悟毛泽东修改诗词的艺术和境界》）

王翼奇先生友人作超山七绝："浅浅春情谢早枝，朦胧倩影动相思。风流欲续罗浮梦，携酒超山悄自窥。"请王先生修改。王先生认为一、二句须改数字，三、四句因乏空灵，亦欠浏亮，必须大改。改后诗如下："浅浅春情泄早枝，疏疏清影系幽思。无人来觅罗浮梦，寂寞空山独坐时。"以"无人来觅"映衬"空山独坐"，比原作"续梦"透过一层，意境也更为空灵。

某君作五言绝句《鸣泉》云："得雨声声壮，长流日日清。深山无浊物，岁岁自空鸣。"该诗立意在鸣泉之扫荡污浊，一路写来颇为顺畅，第三句转得好，为关键句，惟结句比较平实，力量稍弱，熊东遨先生改为"终岁向谁鸣"，变陈述为设问，便收"含不尽之意，见于言外"之功。

某君作七言律诗《咏荷》云："风露亭亭五月天，玉盘托出一支莲。但凭清水添名节，不惹红尘结佛缘。半点芳心谁与共，三分羞色我犹怜。多情欲问魂牵处，浅浅新愁唱暮烟。"熊东遨先生将题目改为"咏莲"，与"佛缘"更切。又认为结尾要留有余味，不可写尽。于是，兼顾其他方面，将原作改为五言律诗《咏莲》："凌风擎素管，快意写云天。出水矜名节，超尘结佛缘。清香应可待，冷艳不须怜。忽听歌声起，兰舟入暮烟。"原作尾联中的"多情""新愁"比较平实，少余韵。尾联改为"忽听歌声起，兰舟入暮烟"，则宕开一笔，是采莲人归去呢？还是情侣偕游呢？可以引发读者驰骋想象，不言情感，情感自在其中。此结似王维《酬张少府》尾联"君问穷通理，渔歌入浦深"，不正面回答"穷通理"，而以景作结，饶有余味。

某君作七绝《夏日吟》云："一池荷叶无穷碧，七八芙蓉雨后开。彳亍乡间田埂上，不禁诗兴肚中来。"此诗即景，形象有可取之处。但"一池荷叶"难说"无穷"，结句直接说"诗兴"，反转无味，"肚中"也不雅，试用"不禁诗思忽飞来"，优于原句，但仍嫌直露。为之改如下："一池莲叶参差碧，数朵荷花雨后开。漫步乡间田埂上，前村白鹭忽飞来。"改后纯粹写景，诗兴自在其中。

某君作七绝《重逢》云："重归故里已成翁，浊酒三盅脸曛红。置腹掏心无忌惮，乡风朴实乐融融。"诗情真意切，但太过写实，大有可改之处。"盅"字与韵脚同韵，挤韵，可改"杯"字。"曛"字生僻，可改"渐"字。"无忌惮"可能属实，但入诗语气重了，不够温柔敦厚。结句实话实说，无余味。试改如下："重归故里已成翁，浊酒三杯脸渐红。往事从头言不尽，真成醉我是乡风。"胜于原作。

（二）改浅近为深远

唐许国公苏颋《奉和九日幸临渭亭登高应制得时字》有两个版本，一云："并数登高日，延龄命赏时。宸游天上转，秋物雨来滋。降鹤承仙驭，吹花入睿词。微臣复何幸，长得奉恩私。"一云："嘉会宜长日，高筵顺动时。晓光云外洗，晴色雨馀滋。降鹤因韶德，吹花入御词。愿陪阳数节，亿万九秋期。""并数""阳数"，在这里都指九九，即重阳节。"延龄"即延龄客，指菊花。诗改动较多，南宋周必大《二老堂诗话》认为，前者为初稿，后者为改定稿，所说有理。改后中二联写景更光鲜，颂圣更得体，对仗更工整。首尾两联照应，尾联变一己幸运为颂圣上万岁，且措辞含蓄，深远正大。应制诗本不易作，此诗颇为出彩，修改功不可没。

李煜《虞美人》词下片云："雕栏玉砌应犹在，只是朱颜改。问君能有几多愁？恰似一江春水向东流。"亡国之悲情如一江春水，滔滔不绝。清王闿运说，"朱颜"本是"山河"，因李煜归宋，不敢说自己思念故国；但若直说"山河改"，反又浅白。（陈寥士《单云阁诗话》）此是灼见。料想李煜初作"山河"，后改为"朱颜"，不言思念故国，而思念之情隐藏背后，意味深长隽永。

宋周紫芝《竹坡诗话》云：

　　　汪内相将赴临川，曾吉父以诗送之，有"白玉堂中曾草诏，水晶宫里近题诗"之句。韩子苍改云："白玉堂深曾草诏，水晶宫冷近题诗。”吉父闻之，以子苍为一字师。

原作“白玉堂中”“水晶宫里”比较平实，改作“白玉堂深”“水晶宫冷”，着两个形容词“深”“冷”，更加形象，更有深味。

1943 年 2 月，重庆文艺界祝贺戏剧家于伶 37 岁生日，夏衍、胡绳等同志即席联句凑成一首七绝：“长夜行人三十七，如花溅泪几吞声。杏花春雨江南日，英烈传奇说大明。”将于伶的四个剧本《长夜行》《花溅泪》《杏花春雨江南》《大明英烈传》括进诗中，稍见机巧，但没什么深意；而且第二句调子低沉，用来祝寿殊不妥当，颇见拼凑痕迹。郭沫若对此诗做了一个“手术”，改为：“大明英烈见传奇，长夜行人路不迷。春雨江南三七度，杏花溅泪发新枝。”郭沫若自誉，此一改将消极的情趣削弱了，而含蕴一片新春发岁、希望葱茏之意。受制于嵌名的束缚，郭沫若的改作虽谈不上怎么优秀，但比诸人的原作胜出很多，诗句更顺畅，意境更深远。

某君作七言绝句《瀑布》云：“万丈悬崖幽谷鸣，一帘飞泻复奔腾。排荆涌上长征路，到海犹存拍岸声。”熊东遨先生认为：“此诗声威、气势俱有（主要见于第四句），只可惜寄寓不深，难成大器。造成这种格局的原因，是前三句不着力。”因改为：“识遍天衢浊与清，一流飞泻出云层。漫言落地无消息，到海犹存拍岸声。”用起承转合之法，第三句转折，遂见第四句力量。又，首句议论中蕴含形象，易浅为深，与尾句呼应，激活全盘。

　　某君作七言律诗《端午》云："壮志兴邦愿未酬，彭咸故辙水宫投。逝无归处天人愤，生不逢时今古愁。江浦年年投米粽，渔乡处处赛龙舟。几家能解大夫恨，默默清波枉自流。"熊东遨先生认为，此诗"口号多，现成语多，平铺直叙多，惟独寓意少"。因改为七言绝句："江浦年年米粽投，古今谁解大夫忧？可堪天意高难问，默默清波枉自流。"删去芜杂，添一句"可堪天意高难问"，意蕴深厚，顿添百倍力量。

　　某君作《秦俑坑》诗云："泥兵列阵护陵廷，挡住千秋沸怨声。山雾迷蒙停挖掘，秦皇幽梦暂安宁。"该诗原题为"秦俑坑暂停挖掘"，熊东遨先生将诗题压缩，只写秦俑坑，集中笔力攻其一点。又认为"陵廷"二字别扭，不若用"皇陵"直截了当。次句反过来说才有力度，不是"挡住"，应是"难挡"。"沸怨"作"怨沸"较顺当。结二句不痛不痒，不如割掉重续。秦始皇要万千泥俑陪葬，并非为了威风，实是因为内心恐惧。生前作恶太多，死后宁无冤魂索命？先生取此意入诗，改为"不是生前频作恶，九泉原合有安宁"二句，与前面的"难挡"二字衔接恰到好处。改作："泥兵列阵护皇陵，难挡千秋怨沸声。不是生前频作恶，九泉原合有安宁。"比原作深刻有味。

　　某君作《阮郎归·赏荷》词云："蝉歌蛙鼓似吟诗，风过柳拂堤。凤鸣湖水泛涟漪，莲开并蒂枝。　　观玉影，赏仙姿，弄花香满衣。亭亭淑女惹情驰，点屏赋丽词。"凤鸣湖系芜湖市内一湖名。该词先写环境，烘托渲染，再写赏荷，尚能刻画形容。可惜结句"点屏赋丽词"无意思，反见浅俗。试改后两句为"娉娉袅袅惹神驰，伊人不在兹"，由花及人，与上片"莲开并蒂枝"恰成对照，便觉语浅情遥，令人怀想。

（三）改无情为有情

诗缘情，诗人大抵是深于情的，无情不能动人。"为赋新词强说愁"当然不好，有情说不出也很遗憾。《随园诗话》载，樊明徵赠陈制锦诗云："南郊风物是谁真？不在山巅与水滨。仰首陆离低首诵，长干一塔一诗人。"陈嫌不佳。袁枚曰："渠用意极妙，惜未醒耳。若改'仰首欲攀低首拜'，则精神全出，仅易三字耳。"陈为之雀跃。按：原作"仰首陆离低首诵"，只是客观陈述，仰首看塔低首诵诗，精气神不足，改作"仰首欲攀低首拜"则情味十足，境界全出。

某君作《雪》诗云："六角雪花晶，飘旋皆有情。明朗清世界，疾步夜归人。"该诗毛病不少："情""人"押韵过宽；第三句之"朗"字该平用仄；缺乏情韵，这是最大的不足。周正环先生云：雪花有情，但又不宜直接说"皆有情"，宜通过具体意象来表达情感。周先生为之改作《雪花》："六出琼花舞，晶莹未染尘。铺平天下路，喜吻远归人。"前两句写雪花的特点，后两句写雪花的情怀，将雪花拟人化，显得有情有义，形象鲜活。实际上也是诗人仁爱之心的外化，活泼玲珑，"远归人"是何人？因何"远归"？也给读者留下遐想的空间。

（四）化无关为有关

"化无关为有关"，是台湾诗人吴万谷教张梦机的作诗之法。我的理解是：将两个没有密切关系的事物联系起来，使物我沟通，物物相连，形成一个有意味的诗意或诗境。如张梦机诗句"墨气自娟梅树月，棋声远答藕花风"，用"自娟"将"墨气"与"梅树月"联系起来，用"远答"将"棋声"与"藕花风"联系起来，都是化无关为有关。

某学员作《虞美人》词云："庭前且看空中雪。雪舞飞狂蝶。庭前复看雪中梅。不道雪增梅韵更仙姿。　　徘徊梅下重重趾。休问心头意。此情能有几人知。把酒凭梅不醉待何时。"

曾少立先生评曰，关于雪与梅的纠结，古人写过很多。写这种雪与梅的纠结，关键是要把握两者的特点，把它们紧紧地纠结在一起，形成回环相扣，最好每一句或每一韵都既有梅又有雪，都是在讲两者的关系。不要旁涉太多，比如不要又扯到蝶什么的。第二要把句子写得清奇一些，梅和雪嘛，以传统文化观之，两者都是清奇的东西，而现在的句子不够清奇，落俗落套了。曾先生为之改作如下："庭前且看梅边雪。宛似飞花节。庭前复看雪中梅。只道一枝香雪向天开。　　雪中梅下徘徊久。真意花间酒。禁他独坐没人知。玩雪看梅不醉待何时。"改作始终将梅和雪纠结在一起，形象集中，清奇脱俗。《词林正韵》里"开"虽然与"梅"不同韵部，但前人通押的不少，用韵宽似亦不妨。

（五）改消极为积极

张中行《七九年除夕颂辞》诗云："坐夜忧生促，迎春叹梦虚。残年何所欲，不复见焚书。"这首诗第四句原为"闭户读闲书"，作者琢磨，觉得退隐的气息过重，力弱，所以照应时代，改为"不复见焚书"，力量正大，虽换了情意，不失为真。

熊盛元先生《晦窗诗话》之四二则云：

> 余尝作《拆碎》诗云："拆碎迷离七宝台，当年旧梦费疑猜。临流剩欲梳蓬鬓，怕有鱼龙唼影来。"末二句反用陈简斋"聊将两鬓蓬，起照千丈镜。微波喜摇人，小立待其定"及黄仲则"当窗试与燃高烛，要看鱼龙唼影来"之意，盖写忧惧之心也。周振甫先生以为"鱼龙唼影对我无毫发损，而可引起注意，造成影响"，建议改为"临流正拟梳蓬鬓，好引鱼龙唼影来"。如此修改，虽与原意迥异，然情调高昂，一扫悲凉之雾，见出周振老之恢宏气度，令我歆慕不已。

是消极还是积极，因人因境而异，一般说来，还是积极一点为好。改诗变消极为积极亦须根据具体的诗境诗情，合情合理才行，而不是盲目乐观。周振甫先生改熊先生之诗正符合这一点，所以熊先生欣然接受。

1942 年 4 月底，郭沫若的历史剧《屈原》要在北碚上演，朋友们都要郭沫若去看看，并把演出时婵娟要抱的一个大瓷瓶送去。当时正值梅雨季节，已经连续下了好几天雨，郭沫若乘船赶

到北碚，看到半露天的剧场时，心情和演员们一样焦愁，于是
诗的灵感来袭，他向剧场办公室的程梦莲借笔，程梦莲说："我
来记，你念吧。"郭沫若念道："不辞千里抱瓶来，此日沉阴竟未
开。敢是抱瓶成大错？梅霖怒洒北碚台。"程梦莲说："两个'抱
瓶'重复了，不大好，第三句还是改成'敢是热情惊大士'吧，
是你把观音大士惊动了，所以才下雨。"郭沫若说："那么，索性
把'梅霖'改成'杨枝'吧！"改完后，两人同去邻室看排戏。
程梦莲又把改好的诗拿给张瑞芳（婵娟饰演者）看，张瑞芳说：
"我看这'怒'字太凶了一点。"于是郭沫若一边看排戏，一边斟
酌：想将"怒"字改成"遍"字，觉得不妥，勾掉；改成"透"
字，又勾掉；最后改成"惠"字。张瑞芳看后，说："这个字改
得真好。"一首七绝凝聚了三个人的心血，最后成为这样："不辞
千里抱瓶来，此日沉阴竟未开。敢是热情惊大士？杨枝惠洒北碚
台。"这种改动，使诗的境界发生变化，由压抑低沉变为乐观开
朗，"诗人面对恶劣的自然气候和政治气候，依然风趣横生的革
命乐观主义精神得到了充分的展示。"（见杨芝明《忆念集》）

第二节　一字出境界

王国维《人间词话》云："'红杏枝头春意闹'，著一'闹'

字，而境界全出。'云破月来花弄影'，著一'弄'字，而境界全出矣。"所引两句分别是宋祁《玉楼春》、张先《天仙子》中的名句，"闹"字"弄"字激活全句，乃一句之眼，一字千金。仿此，我们可以说骆宾王的"昔时人已没，今日水犹寒"（《于易水送人》），著一"寒"字境界全出；柳宗元的"孤舟蓑笠翁，独钓寒江雪"（《江雪》），著一"钓"字境界全出。诗词修改，有改一字使全篇增色的情形，是乃点铁成金之手腕。诗史上很多"一字师"的说法，多是对这种修改的赞誉。

宋周紫芝《竹坡诗话》云：

> 诗人造语用字，有著意道处，往往颇露风骨。如滕元发《月波楼》诗"野色更无山隔断，天光直与水相连"是也。只一"直"字，便是著力道处，不惟语稍峥嵘，兼亦近俗。何不云"野色更无山隔断，天光自与水相连"为微有蕴藉？然非知之者不足以语此。

"天光直与水相连"的"直"字是人的判断，感觉费力。与之相比，"天光自与水相连"的"自"字，道出自然如此，境界更浑融。

据宋洪迈《容斋续笔》载，杨国忠以贵妃之兄兼蜀郡长史，剑南节度、支度、营田等副大使，可见朝廷任人唯亲。李白《蜀道难》有云："所守或匪亲，化为狼与豺。"近乎阿谀。《唐写本唐人选唐诗》选李白此诗，也作"匪亲"，而《河岳英灵集》则作"匪人"，《又玄集》作"非人"，意同"匪人"。按：《唐写本唐人选唐诗》不知抄于何时，但在李白姓名上署"皇帝侍文"四字，说明抄于李白供奉翰林之际，大约在天宝二、三年间。而《河岳英灵集》则成书于天宝十三载。可见作"亲"者在前，改为"人"者在后。是李白自改还是他人所改？现已不得而知。但有一点可以肯定，"所守或匪人"比"所守或匪亲"好，所谓"所用非人"大有讽刺之意，一字改动，境界之高下立判。

洪迈《容斋续笔》记载王安石改绝句之事：

> 王荆公绝句云："京口瓜洲一水间，钟山只隔数重山。春风又绿江南岸，明月何时照我还。"吴中士人家藏其草，初云"又到江南岸"，圈去"到"字，注曰"不好"，改为"过"，复圈去而改为"入"，旋改为"满"，凡如是十许字，始定为"绿"。

"绿"字形容词作使动用法，色彩清新悦目，画出江南岸的一派生机，可谓著一"绿"境界全出。诗不厌改，推敲十余字，正如王荆公所说的"看似寻常最奇崛，成如容易却艰辛。"（《题张司业诗》）刘勰《文心雕龙》云："锤字坚而难移，结响凝而不滞。"王安石的"绿"字正有此效果。顾随评杜甫"星垂平野阔，月涌大江流"一联云："'垂''阔'二字乃真用力得来，'垂'字若用'明'字则糟，'阔'从'垂'字来。'月涌大江流'虽不如上句，但衬得住。"（《顾随诗词讲记》）"垂""阔"二字亦有此效果。袁枚《随园诗话》卷一二载：

> 诗改一字，界判人天，非个中人不解。齐己《早

梅》云："前村深雪里，昨夜几枝开。"郑谷曰："改'几'字为'一'字，方是早梅。"齐乃下拜。某作《御沟》诗曰："此波涵帝泽，无处濯尘缨。"以示皎然。皎然曰："'波'字不佳。"某怒而去。皎然暗书一"中"字在手心待之。须臾，其人狂奔而来，曰："已改'波'字为'中'字矣。"皎然出手心示之，相与大笑。

与"昨夜几枝开"相较，"昨夜一枝开"突出了"早"字，更切题，更有境界。"此波涵帝泽"局限性较大，且"波"与"泽"意思犯重，"此中涵帝泽"包含了"波"而不限于"波"，又避免字义犯重，显然更胜一筹。

清潘清《挹翠楼诗话》记载：

　　尝见张虎头句："西风不恕客衣寒。""恕"字有三病：凡理境中之字，用来稍不得法，即不免有迂腐之病；"恕"字叫不醒，用意即有晦涩之病；"恕"字声不响亮，更有粘滞之病。余为改一"管"字，则三病俱失矣。

"西风不恕客衣寒"，用拟人手法写风寒客冷之情状。潘清认为，说西风不体谅客人寒冷，迂腐晦涩，且恕字不响亮，辨析仔细。改"恕"为"管"，语气自然，音调响亮，改得好。

清徐树庸作《奏事西苑》诗有云："怀中有封事，不敢久徘徊。"以示顾诒禄之外祖父，后者改"久"为"暂"，徐心悦诚服。(《缓堂诗话》)按：要上书皇帝，岂敢耽误？与"不敢久徘徊"相比，"不敢暂徘徊"，更显紧急，"暂"字虽是虚字，颇见神情态度。

毛泽东《七律·登庐山》诗云："一山飞峙大江边，跃上葱茏四百旋。冷眼向洋看世界，热风吹雨洒江天。云横九派浮黄鹤，浪下三吴起白烟。陶令不知何处去，桃花源里可耕田？"第二句写乘车沿盘山公路直达林木葱茏的山顶，其中的"旋"初作"盘"，后来接受臧克家的建议改为"旋"，更富有升腾感和动态美，也与第一句的"飞"字相称。

现代作家郁达夫在新加坡时，曾帮人改诗。某先生作五言绝句《孤独》云："从此伤心去，天涯一叶舟。茫茫烟水下，四海断肠流。"其中的"烟水下"于理不通，境界亦狭，郁达夫建议改"下"为"阔"，"茫茫烟水阔"，句子通顺了，意境也更为开阔。

当代词人魏新河《秋扇词话》云："哈尔滨张智深诗擅奇巧，尝有《军中中秋》诗云'可怜一片团圆月，多少相思补得成'，皆以为工。丙子七月在京，曹长河先生谓莫若易'一片'为'一夕'，座客皆赞一字之精。"试比较"可怜一片团圆月"与"可怜一夕团圆月"，"一片"只限于月，"一夕"则包含了整个中秋夜，后者更有境界。

一字改得好，可以活色生香，化腐朽为神奇；改得不好，则可能点金成铁，境界顿失。清黄子云《野鸿诗的》第一五则云：

诗之浅深，有在一两字内见者。如康节手抄少陵

《蓝田崔氏》诗，至"明年此会知谁健？醉把茱萸仔细看"，"醉"字误书"好"字，一时咸称善；不知一字之间，风气顿殊，妍丑迥别矣。

杜诗全题为《九日蓝田崔氏庄》，是一首悲秋的七律，既悲秋，又强自宽慰，感情曲折腾挪，最终归结为一个"醉"字，醉眼朦胧，细看茱萸，感慨万端尽在不言之中。"醉"字妙绝，见功夫，有境界。而"好"字勉强作态，真是点金成铁。

袁枚《随园诗话》卷八云：

> 诗有极平浅，而意味深长者。桐城张征士若驹《五月九日舟中偶成》云："水窗晴掩日光高，河上风寒正长潮。忽忽梦回忆家事，女儿生日是今朝。"此诗真是天籁。然把"女"字换一"男"字，便不成诗。此中消息，口不能言。

为何"女儿生日是今朝"是好诗，"男儿生日是今朝"便不成诗呢？试从人情伦理悟入，自然得之，即女孩需要父母更多的呵护关爱是也。

第七章　修改之误

改诗不易为，改作当比原作好，不然就不须改。近代诗人李宣龚《兆丰公园晚坐》诗云："辛夷已吐玉千盘，细草如茵渐耐看。无限赏心当日暮，最难携手是春寒。销魂南浦才终尽，对泣新亭泪易干。只有眼前真实意，不随物我作悲欢。"陈衍《石遗室诗话续编》云：闻退庵欲易"易"字作"不"字，一则一副急泪，一则倾河注海之泪，请大家择于斯二者。按：退庵指叶恭绰。愚以为，"泪易干"与"泪不干"都通，但立意不同，此处当以尊重作者原意为上。

改诗司空见惯，但因为种种原因，改作不如原作的现象也屡见不鲜。现举例说明，作反面教材，也能从中获得一些经验教训。

第一节　顾此失彼

谢榛《四溟诗话》卷三云："走笔成诗，兴也；琢句入神，力也。句无定工，疵无定处：思得一字妥帖，则两疵复出；及中联惬意，或首或尾又相妨。万转心机，乃成篇什。"此话深得作诗之甘苦。改诗牵一发而动全身，必得瞻前顾后，统筹兼顾，处处妥帖。而顾此失彼者往往有之，改作没有顾及全篇，没有照顾上下文，没有很好地研究原作的写作背景，断章取义，甚至有关知识经验不足，导致修改失误。

南朝谢朓《新亭渚别范零陵云》诗云："洞庭张乐地，潇湘帝子游。云去苍梧野，水还江汉流。停骖我怅望，辍棹子夷犹。广平听方籍，茂陵将见求。心事俱已矣，江上徒离忧。"范云出任零陵郡内史，谢朓在新亭为之送别，写下这首赠友诗。其中"广平"一联用两个典故，将范云比作西晋的广平太守郑袤，希望他有政绩，为百姓所爱戴；把自己比作汉代的司马相如，希望能得到皇帝赏识。这两个典故透露出双方的前途愿望，事关重大。宋人严羽《沧浪诗话》认为将"广平听方籍，茂陵将见求"一联删去，只用八句，尤为浑然。只写离别情景，浑然是浑然，但将重要内容删去，有些含糊，未必符合诗人本意。

清钱裴仲《雨华庵词话》载：

坡公才大，词多豪放，不肯剪裁就范，故其不协律处甚多，然又何伤其为佳什。而《词综》论其《赤壁怀古》，"浪淘尽"当作"浪声沉"，余以为毫厘千里矣。知词者，请再三诵之自见也。夫起句是赤壁，接以"浪淘尽"三字，便入怀古，使千古风流人物直跃出来。若"浪声沉"，则与下句不相贯串矣。至于"小乔初嫁了"，了字属下，更不成语。"多情应笑"作"多情应是"，亦未妥。不如存其旧为佳也。

按：《词综》为清朱彝尊、汪森所编的一部著名的词选，于苏轼《念奴娇·赤壁怀古》词后有此一番议论，拘泥词律，改作多龃龉，《雨华庵词话》评说有理。

南宋词人张孝祥《念奴娇·过洞庭》上片云："洞庭青草，近中秋，更无一点风色。玉界琼田三万顷，著我扁舟一叶。素月分辉，明河共影，表里俱澄澈。悠然心会，妙处难与君说。"词由洞庭之景引发感兴，故先写景再写人，在开阔空明的洞庭湖上"著我扁舟一叶"，随后即景即情，抒发宇宙意识和人生感慨。又，张孝祥《雨中花慢》上片云："一叶凌波，十里驭风，烟鬟雾鬓萧萧。认得兰皋琼佩，水馆冰绡。秋霁明霞乍吐，曙凉宿霭初消。恨微颦不语，少进还收，伫立超遥。"该词写梦境，重点是写人，即词人的旧日情侣，所以先写对方"一叶凌波""烟鬟雾鬓"的形象，像神女一样。待认清对方以后，顿觉天朗气清，再写景，"秋霁明霞乍吐，曙凉宿霭初消"。如果也像《念奴娇·过洞庭》一样，先写景后写人，便颠倒主次，效果顿减。宛敏灏、沈文凡赏析曰："词的起句，写景、写人，常视需要而定。于湖词《念奴娇·过洞庭》是由景及人的，写罢'洞庭青草，近中秋，更无一点风色'之后，才点出'著我扁舟一叶'。倘这首词也采取同样写法，把起句和'秋霁'联互换一下位置，损益几个字使成为'秋霁天高，明霞乍吐，曙凉宿霭初消。……一叶凌波渺渺，烟鬟雾鬓萧萧'。如此平铺直叙，纵使字句斟酌至当，也平庸无力，振不起来。"（《唐宋词鉴赏辞典》）两位先生借改写不当说明材料安排的次序问题，所说甚善。

顾炎武《禹陵》诗云：

大禹巡南守，相传此地崩。礼同虞帝陟，神契鼎湖升。

窆石形模古，墟宫世代仍。探奇疑是穴，考典或言陵。

玉帛千年会，山河一气凭。御香来敕使，主守付髡僧。

树暗岩云积，苔深壑雨蒸。鸺鹠呼冢柏，蝙蝠下祠灯。

馀烈犹于越，分封并杞鄫。国诒明德胙，人有霸图称。

往者三光坠，江干一障乘。投戈降北固，授子守西兴。

冲主常虚己，谋臣动自矜。普天皆爵禄，无地使贤能。

合战山回雾，穷追海践冰。蠡城迷白草，镜沼烂红菱。

樵采冈林遍，弓刀坞壁增。遗文留仆碣，仄径长荒藤。

望古频搔首，嗟今更抚膺。会稽山色好，悽恻独攀登。

诗为五言排律二十韵，写登禹陵怀古，多使事用典，具体可参看清徐嘉《顾亭林先生诗笺注》。自开始至"人有霸图称"写禹陵形胜以及大禹对越地的影响。自"往者三光坠"至"仄径长荒藤"写历史盛衰之慨，满眼荒芜之感。最后四句以独自登临望古嗟今收束全篇。朱彝尊选《明诗综》删去该诗"往者三光坠"至"仄径长荒藤"十六句，揣测其意，大约以为其中有的典故与越地无直接关系，删之使其更加精炼。但经其刀削斧砍之后，"望古""嗟今"之意便告落空，大失作者本意，吴骞《拜经楼诗话》卷四已议之。

袁枚《随园诗话》卷三载：

《西河诗话》载：曹能始先生《得家信》诗："骤惊函半损，幸露语平安。"以为佳句。一客谓："'露'字不如'剩'字之当。大抵'平安'注函外，损余曰'剩'；若内露，不必巧值此字矣。"人以为敏。余独谓不然。"剩"字与"半"字不相叫应，函不过半损，则剩者正多，不止"平安"二字。"幸露语平安"，正是偶然触露，所以羁旅之情，为之惊喜耳。若曰"不必巧值"，则又何以知其必不巧值耶？

按：细思之，袁枚所说为是。如改"幸露语平安"为"幸剩语平安"，则不如原作矣。

吴孟复《勉堂诗话》卷一载：

六十年代初，我在合师院讲诗词。一日，讲张孝祥

《西江月·三山阻风作》，当时用某君《宋词选》：“满载一船明月，平铺十里秋江。江神留我看斜阳，吹起粼粼细浪。”下课时，有位学生问我：“明月”与“斜阳”，显然矛盾，如何解说？我闻之，深喜其善于发现问题，除加以鼓励外，更告以《宋词选》编者所据是明人毛晋所编《六十家词》本；而在双照楼吴氏影刻的宋本《于湖词》中，“明月”原作“秋色”，“秋江”原作“湖光”，本无矛盾。明代人刻书好改动，故顾炎武云：“明人好刻书而书亡。”诸生闻之，均谓受益不少。

所说的明人改宋人词，自以为是，导致词意矛盾，此妄改实不可取。

南齐诗人谢朓有名句：“馀霞散成绮，澄江净如练。”明谢榛认为“澄”“净”二字意重，欲改为“秋江静如练”。清毛先舒认为：“澄”“净”实复，然古诗名手多不忌此处。易“澄”为“秋”，与通章春景抵牾。谢榛是以唐法绳古诗。（《诗辩坻》卷二）按：毛氏所说有理。谢朓诗下两句即是“喧鸟覆春洲，杂英满芳甸”，写春景无疑。谢茂秦善改诗，偶有失误处。

熊东遨先生少作《咏鹤》诗云：“雨雪风霜不计年，江湖自在舞翩翩。纵然难得晴空去，也胜鸬鹚伴钓船。”甘肃《当代中华诗词选》主编选此诗，改为：“雨雪风霜不计年，江湖孤影独蹁跹。纵然难上晴空去，也胜鸬鹚伴钓船。”熊先生看后，大跌眼镜，云："孤""独"二字犯复且不说，"难得"易"难上"，尤其冤枉，盖意思大变也。"难得者，四害横行时无晴空也；难上者，有晴空而不能高飞也。前者用以纪实，后者则成抱怨。"（《求不是斋诗话》）主编没有搞清楚原作的写作背景，没有知人论世，即此不论，也没有仔细分辨改后意思的变化，自以为是，为人改诗可不慎乎？

宋周紫芝《竹坡诗话》云：

> 柳子厚《别弟宗一》诗云："零落残红倍黯然，双垂别泪越江边。一身去国六千里，万死投荒十二年。桂岭瘴来云似墨，洞庭春尽水如天。欲知此后相思梦，长在荆门郢树烟。"此诗可谓妙绝一世，但梦中安能见郢树烟，烟字只当用边字，盖前有江边故耳。不然，当改云"欲知此后相思处，望断荆门郢树烟"，如此却似稳当。

清马位《秋窗随笔》第七七则先引周紫芝上面一段话，随后云：

> 予谓非是。既云梦中，则梦境迷离，何所不可到，甚言相思之情耳。一改"边"字，肤浅无味；若易以"处"字"望断"字，又太直，不成诗矣。诗以言情，岂得沾沾以字句求之？宋人论诗，吾所不取。唯严仪卿《诗话》是正派。

是原作"欲知此后相思梦，长在荆门郢树烟"好呢？还是改为"欲知此后相思处，望断荆门郢树烟"好呢？我倒觉得可以见仁见智。

袁嘉谷《卧雪诗话》卷七载：

> 《石门集》载古诗："芦花白间蓼花红，一日秋江惨淡中。两个鹭鸶相对立，几人唤作水屏风。"惠洪曰："其理可取，而其词鄙野。"余为改之曰换骨法："芦花蓼花能白红，数曲秋江惨淡中。好是飞来双白鹭，为谁妆点水屏风。"今按：原作固劣，改作亦卑。此等换骨法，不换可也。

愚以为，原作语言固俗，但俗中见雅。改作语言固雅，但雅中见俗。各有得失，不改可也。

王渔洋《三国小乐府》中一首云："长揖横刀出，将军一代雄。头颅行万里，失计杀田丰。"诗咏袁绍之事，其中"头颅行万里"系辽东太守公孙康语。袁绍之子袁熙、袁尚兵败奔辽东，见公孙康，天寒求坐席，康曰："汝二人之头将行万里，何席之有？"遂杀二人。朱庭珍认为一、二、四句，皆言袁绍事，第三句忽插入公孙康语，意不连贯，为酌改曰："儿头行万里，遗恨杀田丰。"云：只换三字，词意显豁，上下贯串。金澍生谓"儿头"二字，未能如"遗恨"二字之浑成，仍不相称。由云龙谓三四句，皆系论古者统论袁绍后之疏阔，殃及其子，致丧身之祸，咎其失计。词意未尝不贯，三字不可改也。（由云龙《定庵诗话续编》上）

民国年间，林庚白友人刘放园《移居愚园坊》诗云："当年此地访愚园，迢递如寻水外村。今觉飙轮驰一息，旁看横舍辟千门。举家笼处身疑鸽，终日梯升步似猿。借得层楼安我佛，故应心寂境无喧。"中二联刻画上海寓公之居处，惟妙惟肖。"层楼"原作"橡楼"，林庚白谓沪地洋式楼房，未尝有橡，易为"层楼"较善。刘放园以为然。刘既而又以原作"今觉""旁看"，乃"今日""道旁"所易，疑其语气失之弱，遂仍用"今日""道旁"，而易"一息"为"一瞬"，"横舍"为"杰宇"，更窜改"举家"为"晨昏"，"终日梯升"为"风降梯旋"，几全失去庐山真面目，改作不如原作。又，刘放园《大暑日得雨》二首，其一云："大暑方愁热，炎氛忽尽消。万家同喜雨，远浦正添潮。檐瀑狂如舞，庭花湿自骄。也如人得势，所惜不崇朝。""湿自骄"句之"湿"字，作者不久易为"润"字，"也如"易为"亦犹"。揣摩其意，大约觉得"湿""也如"不够文雅，"如"字重复，殊不知"润"字力弱，"亦犹"不如"也如"自然。林庚白以为改作远不逮其旧，故诗话仍录原句。（林庚白《丁楼诗词话》）

"杂文诗派"诗人荒芜曾作《孟姜女庙》诗云："坑士焚书事可伤，至今人厌说秦皇。孟姜祠下车如水，始信英雄是女郎。"前两句写秦始皇，后两句写孟姜女，略嫌脱节。但"至今人厌说秦皇"写出了人们的心理，秦始皇焚书坑儒，施行暴政，人们厌恶到连提都不愿提他，堪称警句。后来，荒芜将此诗做了改写："不见东巡秦始皇，孟姜祠庙冠高岗。长城到此留遗迹，方信英雄是女郎。"改作四句交替写秦始皇和孟姜女，将两者作对比，主题更鲜明，意境更浑成，但丢了警句，可谓有得有失。（罗孚《燕山诗话》）

第二节　境界全失

又有改作过于求工，或思维障碍，没有仔细品味原作的用意，没有很好地把握作品的情境，一处改动，境界全失，岂不遗憾？

杜甫诗云"白鸥没浩荡"（《奉赠韦左丞丈二十二韵》），描摹白鸥灭没于烟波间，喻示诗人宽广的胸怀和刚强的性格，与下句"万里谁能驯"连成一气。而宋敏求云"鸥不解没，改作波"，此一改便觉神气索然。（苏轼《仇池笔记》）

王安石好改古人诗，有的改得好，有的改得不好。改"蝉噪林逾静，鸟鸣山更幽"为己作"茅檐相对坐终日，一鸟不鸣山更幽"，境界顿失。

晏殊七律《寓意》颔联云"梨花院落溶溶月，柳絮池塘淡淡风"，于"风""月"上写出"柳絮""梨花"，妙有精神，美得醉人。陈知柔欲效老杜"香稻啄馀鹦鹉粒，碧梧栖老凤凰枝"句格，改作"溶溶院落梨花月，淡淡池塘柳絮风。"（《休斋诗话》）

以为倒装曲折，不知风味顿减。

张伯驹《丛碧词话》梳理诸家评秦观"杜鹃声里斜阳暮"云：

> 少游《踏莎行》"可堪孤馆闭春寒，杜鹃声里斜阳暮"，黄山谷谓此词高绝。但"斜阳暮"为重出，欲改"斜阳"为"帘栊"。范元实曰："可堪孤馆闭春寒"，似无帘栊。山谷云：虽未有帘栊，有亦无碍。范曰：本摹写牢落之状，若曰帘栊，恐损初意。《苕溪渔隐丛话》云："'斜'属日，'暮'属时，并不为累。东坡'回首斜阳暮'、美成'雁背斜阳红欲暮'，可法也。"《西清诗话》云："当时米元章所书此词，乃是'杜鹃声里斜阳曙'，非'暮'字也。得非避宿讳而改为暮乎？"宋于廷云："《苕溪渔隐丛话》引东坡成语，是也。分属日时，则尚欠明晰。《说文》：莫，日且冥也，从日，在草中。是斜阳为日斜时，暮为日入时，言自日昃至日暮，杜鹃之声亦云苦矣。"余按：山谷嫌"斜阳暮"重出，欲改"斜阳"为"帘栊"。何不知词如此？此句不用"斜阳"字，不用"暮"字，则境界全失，不成为少游矣。固不必论避讳及分属日时与《说文》也。

按：张伯驹所说是。试去掉"暮"字，云"杜鹃声里斜阳"，便觉情味不足。使按山谷所改读之："可堪孤馆闭春寒，杜鹃声里帘栊暮"，境界晦暗狭小，不如原作甚远。

袁枚《随园诗话》卷三载：

　　诗不可不改，不可多改。不改则心浮，多改则机窒。要像初拓《黄庭》，刚到恰好处。孔子曰："中庸不可能也。"此境最难。予最爱方扶南《滕王阁》诗云："阁外青山阁下江，阁中无主自开窗。春风欲拓滕王帖，蝴蝶入帘飞一双。"叹为绝调。后见其子某云："翁晚年嫌为少作，删去矣。"予大惊，卒不解其故。桐城吴某告予云："扶南三改《周瑜墓》诗，而愈改愈谬。"其少作云："大帝君臣同骨肉，小乔夫婿是英雄。"可称工矣。中年改云："大帝誓师江水绿，小乔卸甲晚妆红。"已觉牵强。晚年又改云："小乔妆罢胭脂湿，大帝谋成翡翠通。"真乃不成文理！岂非朱子所谓"三则私意起而反惑"哉？扶南与方敏恪公为族兄。敏恪寄信，苦劝其勿改少作，而扶南不从。方知存几句好诗，亦须福分。

诗当以自然含蓄为法，诗句自然，诗意含蓄为上，改诗多少，本无一定，往好处改便是。为什么说"不可多改"？一，怕离初意越来越远；二，怕越改越拙，丧失真气。清诗人方世举，字扶南，号息翁，安徽桐城人，嗜韩诗，著有《韩昌黎诗集编年笺注》。自删少时佳作，自改诗每况愈下，是刻意仿效韩愈反而弄巧成拙，还是随着年龄的增长思维和语感方面出现了问题？今已不得而知。《随园诗话》卷六又载：

余引泉过水西亭，作五律，起句云："水是悠悠者，招之入户流。"隔数年，改为："水澹真吾友，招之入户流。"孔南溪方伯见曰："求工反拙，以实易虚，大不如原本矣！"余憬然自悔，仍用前句。因忆四十年来，将诗改好者固多，改坏者定复不少。

"水是悠悠者"，水之形神俱现，不露主观情感，而情感蕴含其中；"水澹真吾友"，直接说破，便无味。是故，原作好。《随园诗话补遗》卷五又载：

同年徐芷亭方伯《荆州怀古》云："英雄争战几时休，巨镇天开楚上游。月夜与谁游赤壁？江山从古重荆州。帆樯影带巫阳雨，草树声含鄂渚愁。凭吊兴亡已陈迹，严城画角动人愁。"此诗通首雄伟，而选《越风》者，改第四句为："伯图何处问孙刘？"是点金成铁矣。余尝谓：一切诗文，总须字立纸上，不可字卧纸上。人活则立，人死则卧。用笔亦然。徐之原句是立，改句是卧。识者辨之。

按：袁枚所说甚是。改作话不漂亮，有些幼稚，气象大别，且与上句对仗不工。另，此诗两押"愁"字，重韵，宜改。

明代杨慎说："白居易'千呼万唤始出来'，不如易以'才'字。"清代宋徵璧则说："诗以声调为工，若'才出来'，则不中宫商矣。升庵强作解事。"（《抱真堂诗话》）按："始""才"意思相近，但"始出来"三字为上入平（阳平），声调和谐，"才出来"三字为平（阳平）入平（阳平），声调不太谐调，试读便知，故升庵改作不如原作。

上举数例求工反拙，属于过度修改，可见并不都是越改越好，越锻炼越成功。《庄子·应帝王》中有一则寓言，南海帝王倏和北海帝王忽为报答中央帝王浑沌之德，为浑沌开窍，结果弄巧成拙，"日凿一窍，七日而浑沌死。"庄子借此寓意"有为"的恶果。我们拿来喻诗，可以说是修改过分，有伤真气。明胡应麟《诗薮》内篇卷五云：

> 何仲默云："诗文有中正之则，不及者与及而过焉者，均谓之不至。"至哉言也！然有以用功过而得者，有以用功过而失者。老杜题雁："欲雪违胡地，先花别楚云。"既改云："见花辞涨海，避雪到罗浮。"愈细愈精。鲁直题小儿云："学语春莺啭，书窗秋雁斜。"尚不失晚唐。既改云："学语啭春鸟，涂窗行暮鸦。"虽骨力稍苍，而风神顿失，可谓愈工愈拙。举此二例，他可尽推。

杜甫的改作更加精细自然，胜于原作。黄庭坚的改作可能刻意避熟避俗，反不如原作自然。可见修改要准确自然，锻炼须不见斧凿痕迹乃佳。宋葛立方《韵语阳秋》卷三云：

> 作诗贵雕琢，又畏有斧凿痕，贵破的，又畏黏皮骨，此所以为难。李商隐《柳诗》云："动春何限叶，撼

晓几多枝。"恨其有斧凿痕也。石曼卿《梅诗》云："认桃无绿叶，辨杏有青枝。"恨其黏皮骨也。能脱此二病，始可以言诗矣。刘梦得称白乐天诗云："郢人斤斫无痕迹，仙人衣裳弃刀尺。世人方内欲相从，行尽四维无处觅。"若能如是，虽终日斫而鼻不伤，终日射而鹄必中，终日行于规矩之中，而其迹未尝滞也。

何谓"斧凿痕"？刻意雕琢者也。何谓"黏皮骨"？拘泥写实者也。有此二病者，多故作姿态，不够自然。李商隐二句为五律首联，首句不入韵多以对起，但也可不对仗，可能追求对仗反为其所累。石曼卿二句将简单问题复杂化，稍显作态。

戴叔伦《除夜宿石头驿》诗云："旅馆谁相问？寒灯独可亲。一年将尽夜，万里未归人。寥落悲前事，支离笑此身。愁颜与衰鬓，明日又逢春。"首联写客舍萧条之景，次联呜咽自不待言，第三联不胜俯仰盛衰之感，恰与"衰鬓""逢春"紧相呼应，可谓深得性情之分。谢榛曰："五言律两联若纲目四条，辞不必详，意不必贯，八句意相联属，中无罅隙，何以含蓄？"遂改为"灯火石头驿，风烟扬子津。一年将尽夜，万里未归人。萍梗南浮越，功名西向秦。明朝对青镜，衰鬓又逢春。"贺裳《载酒园诗话》评云："只图对仗整齐，堆垛排挤，有词无意，何能动人？真所谓胶离朱之目也。"

杜甫《将赴成都草堂途中有作先寄严郑公五首》其四云："常苦沙崩损药栏，也从江槛落风湍。新松恨不高千尺，恶竹应须斩万竿。生理只凭黄阁老，衰颜欲付紫金丹。三年奔走空皮骨，信有人间行路难。"钱振锽《名山诗话》卷六云："恶竹"句应改为"好竹应须种万竿"，上句亦改作"新松已与期千尺"。按：杜诗"恶竹""新松"对比描写，各有所指。改作失其本意，不可取。

宋张耒《病起登叠嶂楼》诗云："病来久不上层台，窗有蜘蛛径有苔。多少山茶梅子树，未开齐待主人来。"写物有情有意，自是佳作。有俗人改后两句云："为报园花莫惆怅，故教太守及春来。"非特意脉不贯，境界亦全非，实属妄改。（周紫芝《竹坡诗话》）

清黄仲则《都门秋思》四首其三云："五剧车声隐若雷，北邙惟见冢千堆。夕阳劝客登楼去，山色将秋绕郭来。寒甚更无修竹倚，愁多思买白杨栽。全家都在风声里，九月衣裳未剪裁。"第二句"惟见"原稿作"谁见"，为反问句，"谁见"为优。因为首联有讥芸芸众生醉生梦死之意，"惟见"则失此意。（刘衍文《雕虫诗话》卷二）

清郭兆麒《梅崖诗话》云，唐人《金山寺》诗："板阁悬秋月，铜瓶汲夜潮。"宋人以"流"字易"秋"字，"退"字易"夜"字，直点金成铁矣。

袁枚《喜杨西峰巡抚江苏》诗云："故人开府到吴中，捧日葵花色正红。八座有谁堪此席，半生惟我最知公。智珠在手风云会，卿月当天气象空。真个恩膏似流水，大江西下大江东。"清叶炜说："'在手'对'当头'，不更工整吗？"杨少梧说："头属

一人，其象小；天属众人，气象大。"叶炜乃叹前辈用字斟酌，杨少梧读书心细，都不可及。(《煮药漫钞》)

王翼奇先生《绿痕庐诗话》之"一改之妄"一则云：

> 郁达夫诗："江湖牢落又冬残。"言人在江湖，羁愁感伤，而时令又岁将残也。感慨弥深，雄愁满腹。八十年代重新整理出版之郁达夫诗词集，改"牢"为"寥"，盖"牢"字眼生，改"寥"似甚合。然"寥落"仅能形容外境，不能传达诗人孤寂无聊之内心感喟。陆机《文赋》："心牢落而无偶。"可参。

按：郁达夫原作《席间口占》诗云："醉拍栏杆酒意寒，江湖牢落又冬残。剧怜鹦鹉中州骨，未拜长沙太傅官。一饭千金图报易，五噫几辈出关难。茫茫烟水回头望，也为神州泪暗弹。"诗题又作《冬残一首题酒家壁》，曾收作者小说《沉沦》中。观全诗，"寥落"不如"牢落"。但究竟是有两个版本，还是编者妄改呢？版本不同，择其佳者而从之，妄改则不足道矣。

某君作《题寒鸟秋荷图》诗云："鱼戏莲尽头，鱼知有钓钩。无赖登徒子，窥我到深秋。"熊东遨先生评云："首二句游离了，宜删。可取第三句作首句，突出主题'寒鸟'；另补两句衔接上下，通篇拟'秋荷'对'寒鸟'语，自然妙趣横生。"其改作云："无赖登徒子，知谁上汝钩？单相思一个，窥我到深秋。"愚按：原作中的"我"指鱼，寒鸟窥鱼，欲食之也。只不过前二句言"鱼"，后二句言"我"，视角不够统一。熊先生改作中的"我"

则指秋荷，意谓寒鸟窥秋荷，比拟不伦，因寒鸟无意于秋荷也。然改作中的"我"也不能指鱼，因题中无"鱼"，诗中也无"鱼"字，固不是鱼。

我曾作《丁酉八月十六夜》诗云："连日阴云酿雨珠，圆蟾清影忆模糊。苍生企盼天开眼，便过中秋月亦无。"有位先生说："末句消极了一点，似可改为'不信明年月也无'。"改作何尝不可？审美旨趣不同，立意变了，便不是我的诗了。再说，明年此日也不一定就有月。

改作失败的原因大致有几种：知识性错误；审美趣味不同；修养不足，水平有限。孟子曰："人之患，在好为人师。"没有金刚钻，别揽瓷器活。关系密切的师友之间，尚好说话。泛泛之交，欲为人改诗当谨慎。更有以请教为名猎取赞美之词者，自当敬而远之，为之改诗固当慎之又慎，诗词群中为此而交恶者屡见不鲜也。

第八章　改作与戏仿

　　有两种特殊的修改都打前人作品（往往是名作）的主意，将前人作品拿来或小改，或大动，从而达到自己的目的。一种情况是，将前人作品拿来改动一处或数处为己所用，或借用，或反其意而行之，后者属于再创造。另一种情况是戏仿，将前人作品拿来改头换面，从而达到讽刺、调侃、游戏等目的，也属于第二次创作。这戏仿不是古典意义上的模拟一种写作方式或风格，如王士祯《戏仿元遗山论诗绝句三十二首》，即戏仿元好问论诗绝句的写作方式，他并没有修改或套用元遗山的诗作。我这里说的戏仿是现代的用法，即套用原作的思路或句子。不论是改作还是戏仿前人作品，都借用了前人作品的影响力，熟悉中有陌生，从而收到意想不到的效果，这与抄袭剽窃不是一回事。

第一节　改作

根据自己的需要，改动前人作品一两处，借之以抒情，几乎等于借用，是改作的一种情况。

《黄庭坚集》中有《谪居黔南十首》绝句，题注："摘乐天句。"其中的七首直接从白居易的诗中摘出，三首对白居易诗略加改易。白居易《寄行简》诗云："郁郁眉多敛，默默口寡言。岂是愿如此，举目谁与欢。去春尔西征，从事巴蜀间。今春我南谪，抱疾江海壖。相去六千里，地绝天邈然。十书九不达，何以开忧颜？渴人多梦饮，饥人多梦餐。春来梦何处？合眼到东川。"山谷摘后八句并加改易成二首云："相望六千里，天地隔江山。十书九不到，何用一开颜？""病人多梦医，囚人多梦赦。如何春来梦，合眼在乡社？"又白居易《岁晚》诗云："霜降水返壑，风落木归山。冉冉岁将晏，物皆复本源。何此南迁客，五年独未还。命迍分已定，日久心弥安。亦尝心与口，静念私自言。去国固非乐，归乡未必欢。何须自生苦，舍易求其难？"山谷摘首四句并点化成一首云："霜降水返壑，风落木归山。冉冉岁华晚，昆虫皆闭关。"从山谷的改作看，更富形象和情韵，使摘句结构完整以成篇幅，提升境界，为己所用。

韩愈《游城南十六首》其十六《遣兴》云："断送一生惟有酒，寻思百计不如闲。莫忧世事兼身事，须著人间比梦间。"按：断送，谓度过时光。又韩愈《赠郑兵曹》诗云："尊酒相逢十载前，君为壮夫我少年。尊酒相逢十载后，我为壮夫君白首。我材与世不相当，戢鳞委翅无复望。当今贤俊皆周行，君何为乎亦遑遑？杯行到君莫停手，破除万事无过酒。"黄庭坚《西江月·老夫既戒酒不饮，遇宴集，独醒其旁。坐客欲得小词，援笔为赋》词云："断送一生惟有，破除万事无过。远山横黛蘸秋波。不饮旁人笑我。　　花病等闲瘦弱，春愁没处遮拦。杯行到手莫留残。不道月斜人散。"开始两句用语典，分别从韩愈诗中摘出"断送一生惟有酒"和"破除万事无过酒"两句，各去其"酒"字入词，恰成妙对，复有趣味。陈师道《后山诗话》评曰："才去一字，遂为切对，而语益峻。"

宋代魏泰《临汉隐居诗话》记载：

> "昨夜阴山吼贼风，帐中警起紫髯翁。平明不待全师出，连把金鞭打铁骢。"不知何人之诗，颇为边人传诵。有张师雄者，居洛中，好以甘言悦人，晚年尤甚，洛人目为"蜜翁翁"。会官于塞上，一夕，传胡骑犯边，师雄苍惶振恐，衣皮裘两重，伏于土穴中，神如痴矣。秦人呼"土窟"为"土空"，遽为无名子改前诗以嘲之曰："昨夜阴山贼吼风，帐中惊起蜜翁翁。平明不待全师出，连著皮裘入土空。"

这位"蜜翁翁"喜欢说好听的话，人却非常胆小，胡骑犯边，他惊慌失措，举止可笑。于是有人改当时名作嘲笑他，借诗发挥，颇觉幽默，属于一种善意的嘲讽而无伤大雅。

麻姑仙境为南岳衡山的一处风景名胜，当代杂文诗派的邵燕祥《戏题麻姑仙境》诗云："麻姑时间之女神，去来几度海扬尘。曾经沧海难为水，除却衡山不是云。"该诗的后两句源自元稹的"曾经沧海难为水，除却巫山不是云"（《离思五首》），只改"巫山"为"衡山"，意即衡山的云才是真正的云，别处的云都不足观。是借用元稹的诗句，故云"戏题"。

唐张说《耗磨日饮》诗云："春来半月度，俗忌一时闲。不酌他乡酒，惟堪对楚山。"2019 年夏，吾师崔达送先生到安徽休宁调研方言，不数日，我改作张说诗赠之曰："炎阳逞威日，未肯一时闲。不酌休宁酒，何堪对楚山。"借其词句，略变其意，为我所用，颇为方便。

在前人作品的基础上翻出新意，是改作的第二种情况。

杜牧《题乌江亭》诗云："胜败兵家事不期，包羞忍耻是男儿。江东子弟多才俊，卷土重来未可知。"认为胜败乃兵家常事，难以逆料，项羽不应该自杀，而应该包羞忍耻过江东，以期卷土重来。王安石《乌江亭》诗云："百战疲劳壮士哀，中原一败势难回。江东子弟今虽在，肯与君王卷土来？"言项羽兵败垓下，大势已去，又失去人心，江东子弟不会与他卷土重来。"肯与君王卷土来"是反问句，是对"卷土重来未可知"的改作，亦是翻案。翻案诗出人意料，出奇制胜，须得独立思考，言从己出，又要避免故作惊人之语。

苏轼《题西林壁》诗云："横看成岭侧成峰，远近高低各不同。不识庐山真面目，只缘身在此山中。"诗含理趣，即俗语云"当局者迷"，苏轼以诗的形式即景明理，故流传千古。四川诗人陶武先作《庐山》诗云："层峦叠翠雾萦峰，洞府丛林道不同。要识匡庐真面目，还须出入此山中。"诗的第一句起，写庐山的自然景观，层峦叠嶂、烟雾缭绕，暗示不易认清其面目。第二句承，写庐山的人文景观，佛道香火均很盛、文化内涵丰富，亦暗示不易认清其面目。按：洞府，道教称神仙居住的地方；丛林，佛教多数僧众聚居的处所，后泛称寺院。第三句转，如果要认清庐山的真面目该怎么办呢？第四句合，既要深入其中，也要跳出其外。在东坡诗的基础上，更进一步。该诗次东坡诗韵，借用东坡诗的一些词语，而能翻出新意，起承转合，章法井然，允称佳作。

清赵翼《论诗五首》其二云："李杜诗篇万口传，至今已觉不新鲜。江山代有才人出，各领风骚数百年。"当代李经纶《和清人赵翼〈论诗绝句〉》云："李杜诗篇万口传，至今仍觉好新鲜。诗坛各自山头立，管领风骚三五天。"后者是对前者的改作。一云李杜诗篇不新鲜，一云仍然新鲜，各有其理；一云才人辈出，各领风骚，意在创新，一云当今诗坛各自占山为王，皆过眼烟云，意在针砭。李经纶借用赵翼诗之构思和用语，有感而发，颇具新意。

还有一种情况是将诗改成词。据瞿蜕园、周紫宜合著《学诗浅说》一书记载，有人将几首著名的唐人七绝改一改读法，并不增减一字，变成了类似词的长短句。王之涣《凉州词》诗云："黄河远上白云间，一片孤城万仞山。羌笛何须怨杨柳，春风不度玉门关。"有人改成长短句云："黄河远上，白云间一片。孤城万仞山，羌笛何须怨？杨柳春风，不度玉门关。"杜牧《清明》诗云："清明时节雨纷纷，路上行人欲断魂。借问酒家何处有，牧童遥指杏花村。"有人改成长短句云："清明时节雨，纷纷路上行人。欲断魂。借问酒家何处，有牧童，遥指杏花村。"李白《清平调》三首云："云想衣裳花想容，春风拂槛露华浓。若非群玉山头见，会向瑶台月下逢。""一枝红艳露凝香，云雨巫山枉断肠。借问汉宫谁得似，可怜飞燕倚新妆。""名花倾国两相欢，常得君王带笑看。解释春风无限恨，沈香亭北倚阑干。"有人改成长短句云："云想衣裳花想容。春风。拂槛露华浓。若非群玉山头见，会向瑶台月下逢。""一枝红。艳露凝香。云雨巫山枉断肠。借问汉宫谁得，似可怜，飞燕倚新妆。""名花倾国两相欢，常得君王带笑看。解释春风无限，恨沈香亭北，倚阑干。"这无疑带有游戏的味道，从中也可看出汉字组词造句的灵活性，以及诗词之差别。

第二节　戏仿

　　戏仿，或曰戏拟，乃后现代主义的一种写作风格，往往消解了原作的意义而产生新的意义，产生滑稽、幽默等效果。

1924 年，杨荫榆任北京女子师范大学校长，此人照搬西方教学理论，一味强调秩序、学风，以强硬手段禁止学生参加进步活动，导致学生驱逐杨荫榆事件的爆发。杨荫榆不断在饭店办宴席请该校的评议员，共商对付学生。哲学系代主任汪懋祖发表致"全国教育界"的意见书，说："杨校长之为人，颇有刚健之气，欲努力为女界争一线光明，凡认为正义所在，虽赴汤蹈火，有所不辞。今反杨者，相煎益急，鄙人排难计穷，不敢再参末议。"此"相煎益急"典出据传是曹植的《七步诗》："煮豆燃豆萁，豆在釜中泣。本是同根生，相煎何太急。"曹诗写的是兄弟相煎，汪懋祖所云"相煎益急"，便是污蔑学生"煎"女校长。鲁迅作杂文《咬文嚼字（三）》讽刺杨荫榆、汪懋祖，文末说"活剥"曹子建的《七步诗》云："煮豆燃豆萁，萁在釜下泣——我烬你熟了，正好办教席！"教席，原指教师的职务，这里借来指杨荫榆在饭店办的宴席。鲁迅戏仿曹诗，将"豆在釜中泣"改为"萁在釜下泣"，替学生鸣不平；同时揭露杨荫榆拉拢一些人对付学生的真相，"打油味"中蕴含着辛辣的讽刺。

1933 年 1 月日本侵占山海关后，国民党中央常务会议决定将故宫博物院、历史语言研究所等收藏的古物分批从北平运至南京、上海，国民党政府教育部又电令北平各大学不准大学生逃难。针对此事，鲁迅写下《崇实》一文加以讽刺，文章的最后是一首诗："阔人已骑文化去，此地空余文化城。文化一去不复返，古城千载冷清清。专车队队前门站，晦气重重大学生。日薄榆关何处抗，烟花场上没人惊。"诗的大意是国民党的官僚们驾着文物走了，北平成了空空的一座文化城。文物被运走，一去不复返，千年的古城被冷落地遗弃在那里。搬运文物的车队排列在北平的前门火车站，大学生们不能请愿抗日，又不准逃难，变得晦气重重。日军迫近山海关，没有人抵抗，负责抵抗的人到哪里去了呢？他们在妓院、舞厅里正忙着呢。该诗明显戏仿唐诗人崔颢的《黄鹤楼》，后者如下："昔人已乘黄鹤去，此地空余黄鹤楼。黄鹤一去不复返，白云千载空悠悠。晴川历历汉阳树，芳草萋萋鹦鹉洲。日暮乡关何处是？烟波江上使人愁。"鲁迅套用它的句法和若干词语，即鲁迅在文中所说的"剥崔颢《黄鹤楼》诗"，让人于熟悉中感到陌生，这"陌生"就是鲁迅要表达的内容和主旨，即批判国民党当局的不抵抗政策，讽刺他们发国难财，过着荒淫无耻的生活。

清代有一首《剃头歌》云："闻道头须剃，而今尽剃头。有头皆可剃，不剃不成头。头自由他剃，头还是我头。试看剃头者，人亦剃其头。"幽默有趣。"文革"期间，夏衍身陷囹圄，悲愤之余，戏仿《剃头歌》作《整人歌》云："闻道人须整，而今尽整人。有人皆可整，不整不成人。人自由他整，人还是我人。试看整人者，人亦整其人。"于滑稽戏仿之中饱蕴深刻的见解，类似黑色幽默，颇为精警。周啸天先生仿之作《咏纽扣》，诗云："解解系系解，系系解解系。朝系夕必解，夕解朝还系。解是系者解，系自解者系。解则由他解，系还任我系。不系即不解，善解长善系。"由八句增至十句，也有趣味。

刘逸非先生颇好戏仿古诗，其《又寄庐醉墨》收入《戏仿古诗》73首，均为2011年所作七言绝句。作者自称"剥古"，大抵将历代七绝名作改头换面，以讽刺一些社会现象，脱胎换骨，机智敏锐，读来让人会心一笑，甚或击节赞赏。如："十里郊原绿映红，水村山郭漾和风。南来四十余工厂，多少楼台烟雾中。"是戏仿杜牧的《江南春绝句》："千里莺啼绿映红，水村山郭酒旗风。南朝四百八十寺，多少楼台烟雨中。"杜牧诗写江南春之无限风光，令人赏心悦目。刘诗戏仿，曰"工厂"，曰"烟雾"，则是反映一窝蜂地建厂占用耕地，大量排放烟雾污染环境，则成讽喻诗了。又如："茅台美酒满盈杯，身畔佳人挽臂催。醉卧'红楼'君莫笑，从来欢场几人回。"是戏仿王翰《凉州词二首》其一："葡萄美酒夜光杯，欲饮琵琶马上催。醉卧沙场君莫笑，古来征战几人回。"王翰诗写战士举杯痛饮，准备出征，苍凉悲壮，充满英雄气概。刘诗戏仿，则讥刺个别腐败分子花天酒地，至死不悔，语虽调侃，实含警诫。又如："山外青山楼外楼，酒家歌舞几时休。暖风熏得官人醉，直把神州作美洲。"诗戏仿林昇《题临安邸》："山外青山楼外楼，西湖歌舞几时休？暖风熏得游人醉，直把杭州作汴州。"该诗讽刺南宋统治阶级忘了国难，纵情歌舞，苟且偷安，亦蕴含着诗人极大的愤怒和隐忧。刘诗戏仿，讽刺奢靡之风和享乐主义，虽与林诗相似，但有现实寓意。又如："昼出上班夜码麻，夫妻儿媳乱当家。孙男孙女无人问，只有奶奶是傻瓜。"诗戏仿范成大《四时田园杂兴》之一："昼出耘田夜绩麻，村庄儿女各当家。童孙未解供耕织，也傍桑阴学种瓜。"范诗写农民的辛勤劳作和田园生活情趣。刘诗戏仿，反映青年上班族晚上打麻将，疏于抚育子女，甩手给老年人的现象，调侃之中含有忧虑。又如："残花败柳已无欢，常被夫君带怒看。已逼离婚三五次，背人窗下泪阑干。"诗戏仿李白《清平调词三首》其三："名花倾国两相欢，长得君王带笑看。解释春风无限恨，沉香亭北倚阑干。"李诗写唐玄宗"赏名花，对妃子"的无限怜爱、珍重流连。刘诗戏仿则反其意，写某些女性因年长色衰而被丈夫嫌弃的现象，是替女性鸣不平也。

无论改作还是戏仿名作，应避免油滑，不作无聊的插科打诨。特别值得注意的是，轻易不要改作戏仿今人作品，一者显得不尊重原作者，二者容易侵犯著作权，惹出麻烦。

后　记

　　学诗词的途径不外多读多写多改。周啸天先生说："读也，写在其中矣。"我们同样可以说："写者，改在其中矣。"写作与修改是一而二，二而一的事情。善写者必善改，善改者写作水平不会低。写与改都有一个逐步提高的过程。有时思维顺畅，修改一挥而就；有时殚精竭虑，"吟安一个字，撚断数茎须"。坚持多写多改，尚友前贤，虚心请教，诗艺自然进步。又，为什么古人的诗词那么优雅，那么美？当代很多人的诗词那么庸俗，拙劣不堪？"五四"以来，几次打倒传统文化；新时期以来，功利主义盛行。如此，粗鄙之风劲吹，优雅气质罕见。因此，修改诗词，首要的是修改人的气质，修改对传统文化的态度，修改为人处世的作风，效法先贤，"腹有诗书气自华"。2015 年，商务印书馆国际有限公司出版我写的《怎样写古诗词》一书，因为时间仓促，没有谈写作过程中的修改问题，现在把这个问题加以系统梳理，期望对诗词写作者和诗词爱好者有所助益。

关于诗词修改的记载，散见于历代诗话词话；古人的笔记，今人的著作之中，偶尔也涉及诗词修改的事例，但都没有系统地谈修改的问题。在当代，谈诗词修改的文章偶有所见，专门谈论诗词修改的著作，以我有限视野所及，唯有熊东遨先生的《诗词医案类编》（华中师范大学出版社 2016 年版）。熊先生将诗词病例归纳为夹生、游离、虚胖、畸形、偏靶、贫血、综合七类，每一类列举大量熊先生为人修改的例子，均由原作、改作和简评三部分组成，足资启迪。我在写作本书的过程中，引用了不少熊先生改诗的例子，在此谨表谢意。唯拙作体例有别，熊先生从治病的角度对症下药，我从写作的角度谈论修改。本书试图系统地梳理诗词修改诸方面的问题，先谈诗词修改的重要性以及写作、修改、批评的内在联系，接着谈如何修改题目、内容、格律、字句、境界，作正面讲解，再谈修改的失误，作反面教材，最后谈戏仿问题作为补充。所举例子，有古有今，有他人有自己，有正面有反面。广泛搜求诗词修改的例子颇不容易，有时就拿我自己的作品来说，因有切身体会，非敢以此自矜。其中，涉及当今吟坛人事或可聊备掌故。评点力求客观公允，不徇私情，行文倾向于通俗简练，点到即止。本书适用于有一定诗词写作基础的读者，期望对写作能力的提升有所助益。书中的不足在所难免，比如：诗词立意和结构修改的例子少，便没有将立意、结构单独列出章节来谈，好在内容的增删部分涉及结构问题，境界的修改部分涉及立意问题，也就聊胜于无了。所引诗话词话的观点，有时不敢苟同，也就说出了我的意见，然而未必都正确，有些修改意见未必能得到作者的首肯，如此等等，期望作者和读者提出批评，助我改正。

这里要特别说明一下，书中所举诗词修改的例子，涉及很多当今的诗词作者，我都没有一一征询作者的意见，敬希原谅，我在这里表示衷心的感谢，为了诗词，为了真善美，让我们共同努力！

安徽师范大学文学院院长储泰松教授一直关心我的诗词写作和研究，他通读了本书初稿，提出很多中肯的修改意见，使拙作增色不少。芜湖诗词学会会长周正环先生、安徽师范大学文学院崔达送教授经常热心指点我的诗词写作，他们都对本书提出了很好的建议，我在此一并表示感谢！本人受聘为安徽师范大学中国诗学研究中心研究员，感谢中心主任胡传志教授给我提供了研究平台，本书即为安徽师范大学中国诗学研究中心项目成果。

张应中